Beltz & Gelberg Taschenbuch 5508

Fernando Savater, geboren 1947, ist Professor für Philosophie an der Universität Complutense in Madrid. Er schreibt regelmäßig in *El País,* bestreitet viele Rundfunksendungen und ist ein international geschätzter Vor- und Querdenker. Weltbestseller schrieb er mit dem vorliegenden *Sei kein Idiot* und mit *Tu, was du willst* (Beltz & Gelberg Taschenbuch 5507).

Fernando Savater

Sei kein Idiot

Politik für die Erwachsenen
von morgen

Aus dem Spanischen von
Wilfried Hof

www.beltz.de
Beltz & Gelberg Taschenbuch 5508
© 2001 für diese Lizenzausgabe
Beltz & Gelberg
in der Verlagsgruppe Beltz • Weinheim Basel
Alle Rechte für diese Ausgabe vorbehalten
© 1994 Campus Verlag GmbH, Frankfurt am Main
Alle deutschsprachigen Rechte vorbehalten
© Editorial Ariel, S.A., Barcelona
© 1992 Fernando Savater
Die spanische Originalausgabe erschien 1992 unter dem Titel
Politica para Amador bei Editorial Ariel, S.A., Barcelona
Aus dem Spanischen von Wilfried Hof
Neue Rechtschreibung
Einbandgestaltung: Max Bartholl
Einbandbild: Thomas M. Müller
Gesamtherstellung: Druckhaus Beltz, Hemsbach
Printed in Germany
ISBN 3 407 75508 2
3 4 5 6 7   08 07 06 05 04

»Die Zeit ist aus den Fugen; Schmach und Gram,
Dass ich zur Welt, sie einzurichten, kam.«
William Shakespeare, *Hamlet*

Inhalt

Prolog   9

Kapitel 1
Hier sind wir versammelt   17

Kapitel 2
Gehorsam und Rebellion   30

Kapitel 3
Wer ist hier der Boss?   44

Kapitel 4
Die große Erfindung der Griechen   59

Kapitel 5
Alle für einen und einer für alle   78

Kapitel 6
Die Reichtümer dieser Erde   108

Kapitel 7
Krieg dem Kriege   134

Kapitel 8
Frei oder glücklich?   151

Epilog   172

Wenn du noch mehr lesen willst   180

Prolog

Du musst zugeben, Amador, dass wir beide an diesem Buch schuld sind – du genauso wie ich. Meine Schuld besteht darin, dass ich es gewagt habe, das letzte Kapitel meines Buches *Tu, was du willst* (erinnerst du dich? – das über die Beziehung zwischen der Ethik und der Politik) mit dem Versprechen zu beenden, dass wir über die Fragen der Organisation und Desorganisation der Welt weiter reden – in einem anderen Buch. Und dann gibt es da noch die äußeren Umstände: Das Buch über die Ethik, das ich für dich geschrieben hatte, hat sich nämlich ganz gut verkauft, und so was regt einen immer an, rückfällig zu werden – und noch ein Buch zu schreiben.

Aber der Hauptschuldige an meinem Entschluss, dir eine weitere Serie von Predigten und ödem Gerede vorzusetzen, bist du selbst – beklag dich jetzt bloß nicht darüber! Wie oft hast du mir erzählt, dass fast alle Typen in deinem Alter mit den Politikern und der Politik nichts zu tun haben wollen, dass sie der Meinung sind, Politik sei ein mieses Geschäft; es gäbe da nur Verbrecher, die den ganzen Tag, sogar im Schlaf, lügen, und das normale Volk könne nichts an der Sache ändern, weil die paar Klugscheißer an der Spitze immer das letzte Wort haben. Also lohne es sich nur, so gut wie möglich zu leben und einen Haufen Geld zu verdienen – alles andere sei Quatsch und Zeitverschwendung. Diese Einstellung scheint mir etwas alarmierend und auch – verzeih, dass ich dir das so freiheraus sage – nicht besonders intelligent zu sein. Ich werde es dir erklären. Zuerst will ich auf die offensichtlichsten Einwände gegen das Interesse für die Politik antworten. Am Ende hast du ja – glaube ich – auch eingesehen, wie wichtig es ist, sich für die Ethik zu interessieren.

Erinnerst du dich an das, was wir in *Tu, was du willst* über den grundlegenden Unterschied zwischen dem ethischen und dem politischen Handeln gesagt haben? Beide sind Formen des Überlegens, was wir tun sollen, das heißt, was wir mit unserer Freiheit anfangen. Aber die Ethik ist vor allem eine persönliche Sichtweise, die jeder Einzelne einnimmt. Er berücksichtigt nur das, was für sein schönes Leben in einem bestimmten Augenblick am besten ist, ohne alle anderen davon überzeugen zu wollen, dass so zu leben besser und am menschlichsten ist. Man kann sagen, in der Ethik zählt, mit sich selbst im Reinen zu sein und den intelligenten Mut zu haben, auch danach zu handeln – hier und jetzt. Vertagen lohnt sich da nicht, wenn es um das geht, was einem bereits klar ist. Das Leben ist kurz und man kann nicht immer das Gute auf morgen verschieben.

Das politische Handeln sucht dagegen eine andere Art der Übereinstimmung: die Übereinstimmung mit den anderen, die Koordination, die Organisation dessen, was auf viele Einfluss hat. Wenn ich ethisch denke, brauche ich nur *mich* zu überzeugen. In der Politik aber ist es unerlässlich, dass ich andere überzeuge oder mich von anderen überzeugen lasse. Und da es sich bei politischen Fragen nicht nur um mein Leben, sondern um die Harmonie meines Lebens mit vielen anderen handelt, ist der Zeitraum der Politik viel länger. Hier zählt nicht nur das unaufschiebbare Entzücken des Jetzt, sondern auch das Morgen – wenn ich vielleicht nicht mehr lebe, aber die, die ich liebe, noch leben, und das, was mir lieb gewesen ist, möglicherweise noch existiert.

Also, kurz gesagt: Die Auswirkungen des moralischen Handelns, das nur von mir abhängt, habe ich sozusagen immer unter Kontrolle. Aber in der Politik muss ich mit dem Willen vieler anderer rechnen, weshalb es dort der »guten Absicht« fast immer schwer fällt, ihren Weg zu finden. Und die Zeit ist ein sehr wichtiger Faktor, der das, was gut angefangen hat, kaputtmachen oder das, was wir erreichen wollen, verhindern kann. Im Bereich der Ethik führt die Freiheit des Einzelnen zu reinen Aktionen, während es in der Politik darum geht, Institutionen, Gesetze, dauerhafte Formen der Verwaltung zu schaffen – alles zerbrechliche Dinge, die leicht zerstört werden können oder nie ganz so funktionieren, wie man es erwartet. Das heißt, die Beziehung der Ethik zu meinem persönlichen Leben ist ziemlich klar (ich glaube, das habe ich dir bereits in dem vorherigen Buch gezeigt). Die Politik aber wird mir sofort fremd, und die Anstrengungen, die ich in diesem Bereich unternehme, misslingen gewöhnlich auf schlimme Weise (sind die »anderen« daran schuld?). Außerdem haben die meisten politischen Fragen mit Leuten zu tun, die weit von mir entfernt und (scheinbar) sehr verschieden von mir sind. Es ist gut und schön, wenn ich mich um das Wohlergehen derjenigen kümmere, die mir am nächsten sind, aber in Abhängigkeit von Menschen zu leben, die ich nie persönlich kennen lerne – geht das nicht etwas zu weit?

Es ist merkwürdig, wie sich die Zeiten ändern: Als ich in deinem Alter war, war es selbstverständlich, sich für die Politik zu interessieren. Man begeisterte sich für die großen revolutionären Kämpfe und sah das als seine eigenen Probleme an, was tausende von Kilometern entfernt passierte. Die Ethik hielten wir dagegen eher für eine Sache der Pfarrer, für heuchlerisches kleinbürgerliches Getue. Man ließ keine andere Moral zu als die des politischen Handelns. Mehr als einer dachte – vielleicht ohne es offen zuzugeben –, dass der gute politische Zweck die Mittel heiligt, so »unmoralisch« sie auch für die Überängstlichen scheinen mochten. Wenige von uns akzeptierten die Mahnung des großen französischen Schriftstellers Albert Camus: »Der Zweck heiligt nicht alle Mittel.« Darauf kommen wir später noch einmal zurück. – Heute dagegen ist es viel einfacher, die Jugendlichen für die Ethik zu interessieren (auch wenn das keine leichte Sache ist), als bei ihnen die Neugier für die Politik zu wecken. Jedem ist es mehr oder weniger klar, dass er sich um sich selbst kümmern muss und dass es wichtig ist, so anständig wie möglich sein zu wollen. Aber die gemeinsamen Angelegenheiten, das, was uns alle betrifft, die Gesetze, Rechte und allgemeinen Pflichten – die machen einem nur das Leben schwer! Zu meiner Zeit hielt man es für selbstverständlich, dass politisch »gut« zu sein einem erlaubte, sich nicht für die alltägliche Moral zu interessieren. Heute scheint es anerkannt zu sein, dass man mit dem Versuch, sich im Privatleben moralisch zu verhalten, genug getan hat und man sich nicht um den öffentlichen – das heißt politischen – Kram kümmern muss.

Ich fürchte, dass keine dieser beiden Einstellungen wirklich vernünftig, ganz vernünftig ist. Bereits in *Tu, was du willst* habe ich versucht, dich davon zu überzeugen, dass das menschliche Leben keine großen Vereinfachungen zulässt und dass eine Vision des Ganzen wichtig ist: Die beste Sichtweise ist da die, die uns am meisten erweitert, nicht die, die uns kleiner macht. Wir Menschen sind keine Bonsais – je kleiner, desto schöner. Natürlich sind wir auch kein einzelner Baum im Wald, der in diesem Fall das einzig Wichtige ist. Ich glaube, wer uns dem Wald opfert, irrt sich genauso wie der, der uns aussondert und beschneidet, damit wir klein bleiben – ohne irgendeine Beziehung zu den Millionen, die in unserer Nachbarschaft leben. Das Leben jedes Menschen ist einmalig und unersetzlich. Mit jedem von uns, wie unbedeutend er auch sein mag, entsteht ein Abenteuer, dessen Würde darauf beruht, dass niemand es noch einmal auf gleiche Weise leben kann. Daher behaupte ich, dass jeder das Recht hat, sein Leben auf die menschlich vollständigste Art und Weise zu genießen, die möglich ist – ohne es Göttern oder Nationen, nicht einmal der Gesamtheit der leidenden Menschheit zu opfern. Aber andererseits müssen wir, um ganz Mensch zu sein, unter Menschen leben, das heißt, nicht nur *wie* Menschen, sondern auch *mit* Menschen – also in Gesellschaft. Wenn ich mich von der menschlichen Gesellschaft entferne, von der ich ein Teil bin (und die mir heutzutage nicht mehr nur mein Wohnviertel, meine Stadt oder mein Land zu umfassen scheint, sondern die ganze Welt), bin ich so »klug« wie der, der in einem Flugzeug fliegt, das von einem völlig betrunkenen Piloten gesteuert und durch einen verrückten, mit einer Bombe bewaffneten Entführer bedroht wird, und der sieht, wie einer der Motoren abbricht (wenn du willst, kannst du weitere haarsträubende Umstände hinzufügen) – und der, anstatt sich mit den anderen besonnenen und vernünftigen Passagieren zusammenzutun, um sich zu retten, pfeifend aus dem Fenster schaut oder von der Stewardess das Mittagessen verlangt.

Die alten Griechen (kluge und tapfere Typen, die ich, wie du weißt, besonders verehre) nannten den, der sich nicht um Politik kümmerte, *idiótes*. Ein Wort, das eine isoliert lebende Person bezeichnet, die den anderen nichts zu bieten hat, die nur den häuslichen Kleinkram im Kopf hat und am Ende von allen manipuliert wird. Von diesem griechischen Wort leitet sich unser »Idiot« ab. Den Sinn brauche ich dir ja nicht zu erklären. In dem Buch über die Ethik habe ich es gewagt, dir zu sagen, dass unsere einzige moralische Verpflichtung darin besteht, nicht dumm zu sein – und das bei den verschiedenen Arten der Dummheit, die es gibt und die unser Leben zerstören können. Die Botschaft dieses Buches, das du gerade zu lesen anfängst, ist auch ein bisschen aggressiv und beleidigend. Man kann sie in drei Worten zusammenfassen: *Sei kein Idiot!* Wenn du noch einmal Geduld mit mir hast, werde ich dir in den folgenden Kapiteln zu erklären versuchen, was ich dir mit diesem Rat, der sich so wenig liebenswürdig anhört, sagen will.

Für den Anfang reicht, glaube ich, was ich bisher gesagt habe. Wir werden in diesem Buch etwas über die Grundtatsache nachdenken, dass wir Menschen nicht isoliert leben – jeder für sich allein –, sondern zusammen und in Gemeinschaft. Wir werden über die Macht und die Organisation reden, über die gegenseitige Hilfe und die Ausbeutung der Schwachen durch die Starken, über die Gleichheit und das Recht auf Andersartigkeit, über Krieg und Frieden und über die Gründe für Gehorsam und für Rebellion. Wie im vorherigen Buch reden wir vor allem über die *Freiheit* (immer über die Freiheit; vergiss niemals die widersprüchlichen Abhängigkeiten, die in ihr enthalten sind, und vertraue niemals denen, die die Freiheit lächerlich machen oder sie für ein Märchen für Betrogene halten). Aber jetzt reden wir von der Freiheit in ihrer politischen Bedeutung, nicht in der ethischen. Du kennst mich ja: Auch wenn ich vorhabe, in diesem Buch hemmungslos Partei zu ergreifen, wenn es mir passt, werde ich trotzdem nicht am Ende auf die Moral von der Geschichte zu sprechen kommen. Ich werde dir nicht sagen, wer die »Guten« und wer die »Bösen« sind. Ich werde dir auch nicht empfehlen, wen du wählen sollst oder ob du überhaupt wählen musst. Wir suchen nach den grundlegenden Fragen, nach dem, was in der Politik auf dem Spiel steht (und nicht nach dem, was die Politiker heute spielen). Danach hast du das letzte Wort. Sorge dafür, dass niemand es dir wegnimmt oder an deiner Stelle sagt.

Ich will diese Vorrede mit einer Warnung, einem Versprechen und einem Augenzwinkern beenden. Wie du vielleicht schon gemerkt hast, ist dieses Buch weniger »leicht« als *Tu, was du willst* und mit weniger Zugeständnissen an dich geschrieben. Das heißt, ich werde etwas mehr Aufmerksamkeit von dir verlangen. Ich habe bereits gesagt, dass du schuld an diesem Buch bist: weil du nicht aufhörst zu wachsen, weil du bald zu einem mündigen Bürger wirst und – zum Teufel mit dir – weil ich mich deinetwegen alt fühle.

Mein Versprechen besteht darin, dass es keine Fortsetzung der Serie geben wird. Du brauchst also kein Buch über die Ästhetik, die Metaphysik oder so was Ähnliches zu erwarten.

Und das Augenzwinkern besteht darin, dass ich dafür sorgen werde, auch in diesem Buch den Humor nicht zu kurz kommen zu lassen. Ich glaube, dass es ernste Sachen gibt, aber ich glaube nicht allzu sehr an ernsthafte Personen (schon gar nicht an die, die als Zeichen ihrer Autorität die Stirn runzeln). Das Lachen soll uns nicht vergehen! Kein Geringerer als Vergil – der sicher kein Lustspieldichter war – hat gesagt: »Denn wer nicht zugelächelt der Mutter, den zieht kein Gott zur Tafel, noch teilt eine Göttin sein Lager.« – Meinetwegen musst du nicht ohne Essen in bester Gesellschaft und ohne ... bleiben. Also, an mir soll es nicht liegen.

Kapitel 1

Hier sind wir versammelt

Stell dir vor, du öffnest deine Augen und blickst dich um, als wäre es das erste Mal. Was siehst du? Den Himmel, wo die Sonne scheint oder Wolken ziehen, Bäume, Berge, Flüsse, wilde Tiere, das weite Meer …? Nein, vorher bietet sich dir ein anderes Bild, das dir am nächsten ist, das vertrauteste von allen: die Gegenwart von Menschen. Die erste Landschaft, die wir Menschen sehen, ist das Gesicht und die Spuren anderer uns ähnlicher Wesen – das Lächeln der Mutter, die Neugier von Leuten, die uns ähnlich sind und sich um uns herum abmühen, die Wände eines Zimmers (das einfach oder luxuriös sein kann, aber immer von menschlichen Händen hergestellt oder zumindest eingerichtet ist), das Feuer, das uns wärmen und schützen soll, Geräte, Dekorationen, vielleicht Kunstwerke – kurz gesagt: die anderen und ihre Dinge. Auf die Welt zu kommen heißt, auf unsere Welt zu kommen, die Welt der Menschen. Auf der Welt zu sein bedeutet, unter Menschen zu sein, in Gesellschaft zu leben – für das Gute, das weniger Gute und auch für das Böse.

Aber diese Gesellschaft, die uns umgibt und durchdringt, die uns nach und nach auch Gestalt gibt (die die Gewohnheiten unseres Geistes und die Geschicklichkeiten oder Fähigkeiten unseres Körpers formt), besteht nicht nur aus Personen, Gegenständen und Gebäuden. Sie ist auch ein Netz aus feineren, oder wenn du so willst, geistigeren Verbindungen: Sie besteht aus Sprache (dem eigentlichen menschlichen Element, wie wir in *Tu, was du willst* gesehen haben), aus dem gemeinsamen Gedächtnis der Gesellschaft, aus Gebräuchen, aus Gesetzen. Es gibt Verpflichtungen, Feste, Verbote, Belohnungen und Bestrafungen. Einige Verhaltensweisen sind tabu und andere finden allgemeine Zustimmung. Die Gesellschaft bewahrt daher Informationen, viele Informationen. Unsere Gehirne, durch die Sprache in Gang gesetzt, beginnen bereits, wenn wir noch ganz klein sind, so viele Informationen zu schlucken, zu verdauen und zu speichern, wie sie können. In Gesellschaft zu leben heißt: ständig Nachrichten, Befehle, Vorschläge, Witze, Bitten, Versuchungen, Beleidigungen … und Liebeserklärungen zu erhalten.

Die Gesellschaft erregt uns, stachelt uns an, bringt uns auf hundert, aber sie erlaubt uns auch, uns zu entspannen, uns in bekanntem Gelände zu fühlen – sie beschützt uns. Der Urwald, das Meer, die Wüsten haben ebenfalls ihre Gesetze, ihre eigene Art zu funktionieren, aber sie sind uns nicht zu Diensten und können sich oft als feindlich oder gefährlich, sogar als tödlich herausstellen. Man nimmt an, dass die Gesellschaft von Menschen wie du und ich und für Menschen wie du und ich ausgedacht ist, dass wir die Gründe für ihre Organisation verstehen und zu unserem Vorteil nutzen können. Ich sage »man nimmt an«, weil es in der Gesellschaft manchmal Dinge gibt, die so unverständlich und tödlich sind wie die schlimmsten Gefahren des Dschungels oder des Meeres. Wahrscheinlich würden sich die in den

Konzentrationslagern der Nazis eingesperrten Juden oder die vielen Menschen, die heute unter den Schrecken des Krieges oder der Verfolgung leiden (der politischen, religiösen oder was auch immer), mitten in der Wüste oder auf einer verlassenen Insel im Sturm nicht unglücklicher fühlen. Trotzdem ist es sicher, dass in Gesellschaft zu leben für Menschen die natürlichste Art des Lebens ist. Es geht nicht darum, zwischen der Natur und der Gesellschaft zu wählen, sondern darum, anzuerkennen, dass *unsere* Natur die Gesellschaft ist. Im Wald oder in den Wellen können wir uns manchmal – für eine gewisse Zeit – wohl fühlen. Aber in der Gesellschaft fühlen wir uns letzten Endes als wir selbst. Biologisch gesehen sind wir Produkte der Natur, aber menschlich gesehen sind wir Produkte, Produzenten und außerdem auch Mitwirkende der Gesellschaft. Das muss der Grund dafür sein, dass wir die Unannehmlichkeiten der Natur mit größerer Ergebenheit ertragen als die der Gesellschaft – die ersten können für uns ein Ärgernis oder eine Bedrohung sein, aber die zweiten stellen einen Verrat dar.

Das erste Problem, das zu lösen ist, die erste Unannehmlichkeit, die wir auf uns nehmen müssen: Die Gesellschaft dient uns, aber wir müssen auch ihr dienen. Sie ist mir zu Diensten, vorausgesetzt, dass ich mich in ihren Dienst stelle. Jeder Vorteil, den sie anbietet – Schutz, Hilfe, Gemeinschaft, Informationen, Unterhaltung –, ist von Beschränkungen, Anweisungen, Forderungen und Gebrauchsregeln, das heißt von Zwängen begleitet. Die Gesellschaft hilft mir, aber auf ihre Weise, ohne mich zu fragen, wie es mir am liebsten wäre. Und wenn ich mich ihren Zwängen widersetze oder ihre Hilfe zurückweise, bestraft sie mich in den meisten Fällen auf irgendeine Weise. Mit einem Wort: Zur Gesellschaft der anderen Menschen kann ich keine Distanz wahren, immer gehöre ich mit Leib und Seele dazu – oft mehr, als mir lieb ist. Wenn man sich darüber klar wird (in der Kindheit instinktiv, später bewusster), spürt man eine Wut und eine Lust zu rebellieren: Ich habe diese ganzen Regeln und Pflichten nicht erfunden! Es hat mich auch niemand nach meiner Meinung gefragt! Warum muss ich sie respektieren? Woher kommen sie? Können sie geändert werden, damit sie mir besser passen?

Wir sind an einem der wichtigen Punkte angelangt. Wenn dies ein Film wäre, könnte man jetzt einen Trommelwirbel hören: Ratatatam! Achtung! Die Gesetze und Auflagen der Gesellschaft sind nie mehr – aber auch nicht weniger – als Vereinbarungen, *Konventionen.* So alt, angesehen oder gefürchtet sie auch scheinen mögen, sie bilden keinen unveränderlichen Teil der Realität (wie zum Beispiel das Gesetz der Schwerkraft). Sie entspringen auch nicht dem Willen irgendeines geheimnisvollen Gottes: Sie wurden von Menschen erfunden, sie antworten auf verständliche Absichten der Menschen (die allerdings manchmal so alt sind, dass wir sie nicht mehr verstehen können), und sie können durch ein neues Abkommen zwischen den Menschen geändert oder abgeschafft werden. Natürlich darfst du die Konventionen nicht mit den Launen verwechseln. Du darfst auch nicht glauben, das »Konventionelle« sei etwas ohne Tiefgang, eine unbedeutende Kleinigkeit, die einfach so abgeschafft werden kann. Einige Konventionen – eine Krawatte zu tragen, um in ein bestimmtes Restaurant gehen zu können, oder keine weißen Socken anzuziehen, damit sie einen in einer bestimmten Disko tanzen lassen – sind ziemlich blöd, da hast du Recht. Aber andere – zum Beispiel den Nachbarn nicht zu ermorden oder sein Wort zu halten – verdienen größere Beachtung. Nicht alle Konventionen kann man nach Belieben einführen oder abschaffen. Viele haben entscheidende Auswirkungen auf unser Leben, und ganz ohne irgendeine Konvention – die Sprache zum Beispiel ist auch so eine – könnten wir nicht leben.

Gebräuche und Gesetze sind Konventionen. Wenn wir das sagen, dann leugnen wir damit nicht, dass sie sich auf natürliche Bedingungen des menschlichen Lebens, also auf Grundlagen, die nicht vereinbart sind, stützen. Die Tiere haben einen Instinkt, der sie verpflichtet, bestimmte Sachen zu tun und andere zu lassen. Auf diese Weise schützt die biologische Entwicklung die Arten vor Gefahren und sichert ihr Überleben. Aber wir Menschen besitzen einige weniger sichere, oder wenn du willst, flexiblere Instinkte. Die Tiere sind sich in dem, was sie tun, fast immer sicher. Sie können aber nur wenige Dinge tun und nur wenig ändern. Wir Menschen dagegen irren uns ständig, sogar in den grundlegendsten Angelegenheiten. Wir hören aber nie auf, uns Neues auszudenken – nie gesehene Erfindungen und auch nie gesehene Dummheiten. Warum? Weil wir außer den Instinkten mit *Vernunft* begabt sind. Mit der bringen wir viel bessere (und viel schlechtere!) Sachen fertig als die Tiere. Die Vernunft macht uns zu so seltsamen, so wenig tierischen Wesen. Und was ist die Vernunft? Die Fähigkeit, Konventionen einzuführen, das heißt Gesetze, die uns nicht durch die Biologie auferlegt wurden, sondern die wir freiwillig akzeptieren. Mit Hilfe der Vernunft erfinden wir Ergänzungen und Vervollständigungen unserer Instinkte. Wir sind – ich weiß nicht, ob du mich verstehst – instinktiv vernünftig. Die Tiere haben als Verhaltensanweisung nur den genetischen Code. Wir haben ihn natürlich auch, aber außerdem das Strafgesetzbuch, das Bürgerliche Gesetzbuch und die Straßenverkehrsordnung – um nur einige zu nennen. Diese Gesetze, die wir untereinander vereinbaren und denen wir mit dem Kopf gehorchen (und nicht nur mit den Körperzellen), sind weder rein instinktiv noch rein rational. Sie sind eine Mischung aus verschiedenen und manchmal widersinnigen Antrieben. Da die Konventionen teilweise vom Instinkt herrühren, ist ihr letztes Ziel das aller Instinkte: die Sicherung des Überlebens der Art. Aber weil sie auch instinktiv rational sind, entspringen sie darüber hinaus dem Wunsch, länger und besser zu leben. Denn die menschlichen Gesellschaften sind nicht einfach das Mittel, damit einige etwas beschränkte Viecher – wir Menschen – in einer feindlichen Welt etwas sicherer leben können. Wir sind soziale Tiere, aber nicht in dem gleichen Sinne wie die übrigen Tiere. Vorhin habe ich dir gesagt, dass der grundlegende Unterschied zwischen den anderen Tieren und den Menschen darin besteht, dass wir außer den Instinkten »Vernunft« besitzen. Aber die anderen Tiere besitzen auch eine Spur Vernunft, eine gewisse Fähigkeit zur Improvisation und Erfindung. Sie erlaubt es ihnen, sich vom automatischen Funktionieren ihrer biologisch programmierten Instinkte zu lösen. Natürlich ist der Unterschied so groß, dass wir kaum von einer tierischen »Vernunft« sprechen können. Es ist nicht das Gleiche, einen Schritt vorwärts machen zu können oder den Rekord über einhundert Meter zu brechen – auch wenn der,

der den Rekord bricht, immer mit einem Schritt vorwärts anfängt. Aber vielleicht handelt es sich letzten Endes nur um eine Frage der unterschiedlichen Dosis an Vernunft, die dem Menschen und dem Tier verabreicht wurde. Möglicherweise besteht das wirklich unterscheidende Merkmal zwischen den Tieren und den Menschen in etwas anderem: darin, dass die Tiere sterben und wir Menschen *wissen,* dass wir sterben werden. Die Tiere leben und bemühen sich, nicht zu sterben. Wir Menschen leben und kämpfen darum, nicht zu sterben. Gleichzeitig wissen wir, dass wir irgendwann doch sterben müssen. Im Unterschied zu den anderen Tieren – welch ein Glück für sie! – besitzt der Mensch die Erfahrung des Todes, die Erinnerung an den Tod und die sichere Vorahnung des Todes. Daher versuchen die »gewöhnlichen« Tiere den Tod zu vermeiden, aber er kommt mühelos und ohne Vorwarnung zu ihnen – wie der allnächtliche Schlaf. Wir Menschen dagegen versuchen nicht nur, das Leben zu verlängern, sondern wir rebellieren gegen den Tod. Wir erheben uns gegen ihn und erfinden Dinge, um dem Gewicht seines Schattens entgegenzuwirken. Hier liegt der grundlegende Unterschied zwischen der Gesellschaft der Menschen und den Gesellschaften der übrigen so genannten sozialen Tiere: Sie haben Gruppen gebildet, um so ihr Überleben besser sichern zu können. Wir streben nach *Unsterblichkeit.*

Hast du dich nie gefragt, warum wir Menschen auf eine so komplizierte Art und Weise leben? Warum geben wir uns nicht damit zufrieden, zu essen, uns zu paaren, uns vor Kälte und Hitze zu schützen, etwas auszuruhen? Und dann das Gleiche wieder von vorne? Würde das nicht genügen? Es gibt immer einen wohlmeinenden Ökologen, der es für ratsam hält, zur natürlichen »Einfachheit« zurückzukehren. Aber sind wir Menschen irgendwann »einfach« gewesen? Vielleicht einmal vor langer Zeit. Bisher haben wir nämlich nur die Erinnerung an und den Beweis für komplizierte Menschen. Sogar die primitivsten Stämme, von denen wir etwas wissen, haben zahlreiche hoch entwickelte Erfindungen gemacht, auch wenn das nur geistige Erfindungen sind: Mythen, Legenden, Rituale, Magie, Beerdigungs- oder erotische Zeremonien, Tabus, Verschönerungen, Moden, Hierarchien, Helden und Dämonen, Lieder, Witze, Tänze, Wettbewerbe, Formen des Rauschs, Aufsässigkeit. Niemals beschränken sich die Menschen darauf, sich gegenseitig leben zu lassen, einfach so. In allen menschlichen Gruppen gibt es Neugierige, Perfektionisten und Entdecker. Offensichtlich ist das Bezeichnende der Menschen eine Art Unruhe, die die anderen Lebewesen nicht zu spüren scheinen. Eine Unruhe, die zum großen Teil aus Angst vor der Langeweile entsteht. Wir besitzen – sogar die Dümmsten – ein riesiges Gehirn, das Informationen, Neuigkeiten, Lügen und Entdeckungen aufnimmt. Wenn aufgrund der Routine die intellektuelle Erregung nachlässt, beginnen die Unruhigsten – die Menschlichsten? – nach neuen Arten der Anregung zu suchen, zuerst vorsichtig, dann wie verrückt. Einer kommt auf die Idee, einen unzugänglichen Berg zu besteigen, ein anderer will den Ozean überqueren, um zu sehen, was es auf der anderen Seite gibt. Ein Dritter erfindet Geschichten oder stellt Waffen her, ein anderer will König sein, und immer gibt es einen, der davon träumt, alle Frauen für sich allein zu haben. Wann muss man die Bremse ziehen und sagen: »Genug!«? Der Ökologe, von dem wir vorhin gesprochen haben, will in die Vergangenheit zurück – aber wie? Und wie sollen wir entscheiden, womit wir uns zufrieden geben müssen, wenn die Unruhe das Merkmal von uns Menschen ist? Man fängt mit der Herstellung von Tonkrügen an und gelangt sofort zur Rakete, die zum Mond fliegt oder den Feind vernichtet. Man fängt mit Magie an und dann geht es mit Ach und Krach weiter bis Aristoteles, Shakespeare oder Einstein. Die Unruhe ist immer da und wird sogar noch größer. Wozu davon träumen, zur ersten und gar nicht so einfachen Einfachheit zurückzukehren, wenn unsere aktuellen Komplikationen aus dem Früheren und dem Einfachen herrühren? Wer garantiert uns, dass dieses Zurückgehen uns nicht wieder auf den gleichen Weg führt? – falls es überhaupt möglich ist, so weit zurückzugehen.

Diese Sorge, diese Unruhe, diese ständige Furcht vor der Langeweile meine ich, wenn ich dir sage, dass sich die menschlichen Gesellschaften nicht mit dem Überleben zufrieden geben, sondern sich nach der Unsterblichkeit sehnen. Für uns Menschen, die wir fähig sind, uns den Tod bewusst zu machen, ihn als unentrinnbares Schicksal zu verstehen, ist das Sterben nicht einfach ein weiterer biologischer Zwischenfall. Der Tod ist das entscheidende Symbol für unsere Bestimmung. In seinem und gegen seinen Schatten bauen wir die träumerische Vielfalt unseres Lebens. Wirkliche und wirksame Gegenmittel gegen den Tod scheint es nicht zu geben. Wie der argentinische Dichter Borges in einer Milonga (einem argentinischen Tanzlied) sagt: »Sterben ist eine Gewohnheit, an die sich die Leute halten.« Man kann sich ihr nicht entziehen. Die symbolischen Heilmittel, die uns angesichts der Sicherheit des Sterbens als Entschädigung und gewisse Erleichterung dienen, sind religiöser oder sozialer Art. Die religiösen kennst du ja – ein Leben nach dem Tod, die Unsterblichkeit der Seele, Auferstehung der Körper, Seelenwanderung. In diese Fragen will ich mich nicht einmischen. Es gibt auf der Welt genug Geistliche und denen will ich keine Konkurrenz machen. Was mich hier interessiert, sind die sozialen oder bürgerlichen Heilmittel, mit deren Hilfe wir Menschen nicht nur versuchen, unser Leben zu bewahren, sondern vor allem uns gegen den Tod zu stärken. Im symbolischen Bereich haben wir ihn ja besiegt (in dem anderen kann man es nun mal nicht).

Ich sage dir: Die menschlichen Gesellschaften funktionieren immer wie »Unsterblichkeitsmaschinen«, an die die Einzelnen sich »anschließen«, um symbolische belebende Entladungen zu erhalten. Sie sollen helfen, gegen die unleugbare Bedrohung des Todes anzukämpfen. Die soziale Gruppe stellt sich als etwas dar, das nicht sterben kann – im Unterschied zu den einzelnen Personen. Ihre Institutionen sollen dem entgegenwirken, was jeder fürchtet: Ist der Tod die endgültige Einsamkeit, so bietet uns die Gesellschaft ewige Gemeinschaft an. Wenn der Tod Schwäche und Untätigkeit ist, dann bietet sich die Gesellschaft als Sitz kollektiver Kraft und als Ursprung tausender Aufgaben, Heldentaten und Leistungen an. Wenn der Tod jeden persönlichen Unterschied verwischt und alles gleichmacht, dann bietet die Gesellschaft ihre Hackordnung an, die Möglichkeit, sich zu unterscheiden und von den anderen anerkannt und bewundert zu werden. Wenn der Tod Vergessen bedeutet, dann fördert die Gesellschaft Erinnerungen, Legenden,

Denkmäler, die Feier vergangenen Ruhms. Wenn der Tod Empfindungslosigkeit und Monotonie ist, dann stärkt die Gesellschaft unsere Sinne, verfeinert mit ihren Künsten unseren Geschmack, unser Gehör und unser Sehvermögen und bereitet uns intensive und aufregende Vergnügen, um das tödliche Einerlei zu unterbrechen. Der Tod raubt uns alles und deshalb widmet sich die Gesellschaft der Ansammlung und Herstellung aller Arten von Gütern. Der Tod ist Schweigen und die Gesellschaft ist Spiel mit Worten, mit Kommunikation, mit Geschichten, mit Informationen. Deshalb ist das menschliche Leben so komplex – weil wir immer neue Dinge und originelle Gesten gegen die verhassten Beerdigungsrituale des Todes erfinden. Und deshalb sterben die Menschen zufrieden in der Verteidigung und zum Nutzen der Gesellschaften, in denen sie leben: weil in diesem Fall der Tod kein sinnloses Unglück mehr ist, sondern die Form, die der Einzelne hat, um freiwillig auf das zu setzen, was nicht stirbt, auf das, was für alle die Verneinung des Todes ist. Und deshalb ist für die Menschen die Vernichtung ihrer Gesellschaften auch ein viel größerer und schrecklicherer Sieg des Todes als irgendein individueller Tod.

Der Tod ist »natürlich« und daher ist die menschliche Gesellschaft gewissermaßen »übernatürlich«, ein Kunstprodukt, das große Kunstwerk, das wir Menschen untereinander verabreden. Die Konvention bringt uns zusammen und deshalb gefällt sie uns so. Die Gesellschaft ist der wahre Ort, an dem sich diese Mischung aus Biologie und Legende, aus Metaphern und Instinkten, aus Symbolen und Chemie ereignet, die unsere eigentliche menschliche Existenz ausmacht. Aristoteles sagte, wir seien »gemeinschaftsbildende

Tiere«, Wesen mit politischer Natur, das heißt Wesen mit etwas übernatürlicher Natur. Deshalb sind wir hier versammelt. Jetzt können wir beginnen, uns nach den besten Formen der Organisation unserer Versammlung und nach den Gefahren zu fragen, die diesen großen Zirkus, in dem wir leben, gefährden.

Lies noch was

»Dass aber der Mensch als staatsbildendes Wesen höher steht als jede Biene und jedes Herdentier, ist klar. Denn die Natur tut, wie wir behaupten, nichts planlos. Nun ist der Mensch unter allen animalischen Wesen allein im Besitz der Sprache, während die Stimme, das Organ für Äußerungen von Lust und Unlust, auch den Tieren eigen ist. Denn so weit ist ihre Natur gelangt, dass sie Lust- und Unlustempfindungen haben und dies einander mitteilen können. Die Sprache aber dient dazu, das, was nützlich und schädlich, was gerecht und ungerecht ist, offenkundig zu machen. Denn das ist die Eigentümlichkeit des Menschen im Verhältnis zu den Tieren, dass er allein ein Gefühl für den Unterschied von Gut und Böse, von Recht und Unrecht hat. Das gemeinsame Bewusstsein davon aber schafft erst Haus und Staat.«

Aristoteles, *Politik*

»Für Menschen heißt Leben – wie das Lateinische, also die Sprache des vielleicht zutiefst politischen unter den uns bekannten Völkern, sagt – so viel wie ›unter Menschen weilen‹ (inter homines esse) und Sterben so viel wie ›aufhören, unter Menschen zu weilen‹ (desinere inter homines esse).«

Hannah Arendt, *Vita Activa oder Vom tätigen Leben*

»Aber das politische Leben ist nicht die einzige Gemeinschaftsform des Menschen. In der Menschheitsgeschichte ist der Staat in seiner gegenwärtigen Gestalt ein spätes Produkt der Zivilisation. Lange bevor der Mensch diesen gesellschaftlichen Organisationsmodus entdeckte, hatte er schon andere Versuche gemacht, seinen Empfindungen, Wünschen und Gedanken Ausdruck und Ordnung zu verleihen. Sprache, Mythos, Religion und Kunst enthalten solche Ordnungen oder Systematisierungen.«

Ernst Cassirer, *Versuch über den Menschen*

»Waren denn alle Jahrhunderte dem unsrigen ähnlich? Hat der Mensch immer, wie heute, eine Welt vor Augen gehabt, wo sich nichts zueinander fügte, wo die Tugend ohne Geist, der Geist ohne Ehre ist; wo die Liebe zur Ordnung sich mit der Neigung zur Tyrannei verbündet, der geheiligte Kult der Freiheit sich dem Missachten der Gesetze zugesellt; wo das Gewissen nur zwielichtigen Schein auf das menschliche Tun wirft; wo etwas weder verboten noch erlaubt, weder ehrenhaft noch schimpflich, weder wahr noch falsch erscheint?«

Alexis de Tocqueville, *Über die Demokratie in Amerika*

Kapitel 2

Gehorsam und Rebellion

Ich habe das letzte Kapitel mit der Erwähnung der verehrungswürdigen Meinung des Aristoteles beendet, dass der Mensch ein gemeinschaftsbildendes Tier, ein politisches Tier ist. Das darf man natürlich nicht mit der Behauptung verwechseln, dass die Politiker Tiere sind – wie einige meinen. Das heißt, wir sind gesellige Viecher, aber nicht instinktiv und automatisch wie die Gazellen oder die Ameisen. Im Unterschied zu denen erfinden wir Menschen verschiedene Formen der Gesellschaft, wandeln die Gesellschaft um, in der wir geboren wurden und in der unsere Vorfahren gelebt haben. Wir machen organisatorische Experimente, die vorher noch nie versucht worden waren, mit einem Wort: Wir ahmen nicht nur die anderen nach und gehorchen den Normen unserer Gruppe (wie es jedes andere Tier tut, das sich achtet), sondern wir gehorchen nicht, wenn es darauf ankommt. Wir rebellieren, wir stören die Routine und verletzen die aufgestellten Regeln, wir machen einen tierischen Aufstand. Aristoteles wollte sagen – wo wir ihn doch für so brav gehalten haben –, dass der Mensch das einzige Tier ist, das fähig ist, *sich zu erheben*. Was sage ich »fähig« – wir Menschen erheben uns andauernd, wir gehorchen immer nur zähneknirschend. Wir tun das, was die anderen wollen, nicht ohne Widerspruch – nicht so wie die Bienen –, sondern man muss uns überzeugen und oft dazu zwingen, die Rolle zu spielen, die die Gesellschaft uns zuweist. Ein anderer sehr berühmter Philosoph, Immanuel Kant, spricht von der »ungeselligen Geselligkeit« der Menschen. Das heißt, unsere Art, in der Gesellschaft zu leben, besteht nicht nur im Gehorchen und Nachahmen, sondern auch im Rebellieren und Erfinden.

Aber aufgepasst: Wir rebellieren nicht gegen *die* Gesellschaft, sondern gegen eine ganz bestimmte. Wir verweigern nicht deshalb den Gehorsam, weil wir nichts und niemandem mehr gehorchen wollen, sondern weil wir bessere Gründe zum Gehorchen wollen als die, die man uns nennt. Und wir wollen Chefs, die mit einer überzeugenderen Autorität befehlen. Daher wies der alte Kant darauf hin, dass wir ungesellig gesellig sind, nicht einfach asozial oder antisozial. Die Tierarten ändern manchmal ihre Verhaltensregeln, in Übereinstimmung mit den Erfordernissen der biologischen Entwicklung, die die Erhaltung der Art sichern will. Die menschlichen Gesellschaften wandeln sich im Laufe der Geschichte aus Gründen, die so vielschichtig sind, dass wir sie nicht einmal kennen. Mit einigen Änderungen will man bestimmte Ziele erreichen, mit anderen gewisse Werte festigen, und viele Veränderungen scheinen aus der Entdeckung neuer Techniken der Herstellung oder Zerstörung zu entstehen. Das einzig Unzweifelhafte ist, dass in allen menschlichen Gesellschaften (und in jedem einzelnen Mitglied dieser Gesellschaften) Gründe für den Gehorsam und Gründe für die Rebellion vorhanden sind. So gesellig sind wir – egal ob wir aus Gründen, die uns einleuchten, gehorchen, oder aus anderen Gründen, die uns mehr Gewicht zu haben scheinen, nicht gehorchen und rebellieren. Also müssen wir uns, um etwas von der Politik zu verstehen, mit diesen verschiedenen Gründen beschäftigen. *Denn die Politik besteht lediglich in der Gesamtheit der Gründe zum Gehorchen und der Gründe zum Rebellieren.*

Gehorchen, rebellieren – wäre es nicht besser, wenn niemand befehlen würde, damit wir nicht Gründe suchen müssten, um zu gehorchen und um zu rebellieren? Das ist mehr oder weniger die Meinung der Anarchisten, für die ich zugegebenermaßen ziemlich große Sympathie habe. Nach dem Ideal der Anarchisten sollte jeder in Übereinstimmung mit seinem eigenen Gewissen handeln, ohne irgendeine Art der Autorität anzuerkennen. Die Autoritäten, die Gesetze, die Institutionen und das Anerkennen, dass einige wenige die Mehrheit führen und für alle entscheiden, würden die unendlichen Leiden hervorrufen, die wir Menschen erdulden: Sklaverei, Missbrauch, Ausbeutung, Kriege. Die Anarchisten fordern eine Gesellschaft ohne Gründe dafür, einem anderen zu gehorchen, und daher auch ohne Gründe, gegen ihn zu rebellieren – kurz gesagt, das Ende der Politik, ihre Pensionierung. Wir Menschen würden zwar zusammenleben, aber so, als ob wir alleine wären, das heißt, indem jeder das tut, wozu er gerade Lust hat. Aber würde dann nicht jeder Lust bekommen, seinen Nachbarn zu quälen oder seine Nachbarin zu vergewaltigen? Nach Meinung der Anarchisten nein, denn wir Menschen besäßen von selbst die natürliche Neigung zur Zusammenarbeit, zur Solidarität, zur gegenseitigen Hilfe, die allen nützt. Die soziale Rangordnung, die Macht, die fest im Sattel sitzt, und der Aberglaube würden die Gewalt hervorrufen, die Einzelnen verfeinden und sie ihrer Vernunft berauben. Die Chefs behaupten, sie würden uns zu unserem Wohl Befehle geben; die Anarchisten antworten, dass unser wahres Wohl darin besteht, dass niemand befiehlt. Dann würde jeder gehorchen – aber keinem fehlbaren und launenhaften Menschen, sondern der wahren Güte der menschlichen Natur.

Ist eine anarchische Gesellschaft – eine Gesellschaft ohne Politik – möglich? Die Anarchisten haben natürlich zumindest in einem Punkt Recht: Eine Gesellschaft ohne Politik wäre eine Gesellschaft ohne Konflikte. Aber, ist eine menschliche Gesellschaft – nicht eine von Insekten oder Robotern – ohne Konflikte möglich? Ist die Politik die Ursache der Konflikte oder deren Folge? Ist sie also ein Versuch, die Konflikte nicht so heftig werden zu lassen? Sind wir Menschen fähig, automatisch friedlich miteinander zu leben? Mir scheint, dass der Konflikt – der Zusammenstoß der Interessen der Einzelnen – bei einem Leben in Gemeinschaft unvermeidbar ist. Und je mehr wir sind, desto mehr Konflikte können entstehen. Weißt du, warum? Aus einem Grund, der auf den ersten Blick unlogisch erscheint: weil wir *allzu* gemeinschaftsfähig sind. Ich will versuchen, das zu erklären. Die tiefste Wurzel unserer Gemeinschaftsfähigkeit besteht darin, dass uns von klein auf der Drang beherrscht, uns gegenseitig zu imitieren. Wir sind gemeinschaftsfähig, weil wir dazu neigen, die Gesten, Worte, Wünsche und Werte der anderen nachzuahmen. Ohne natürliche, spontane Nachahmung könnten wir kein Kind erziehen und daher auch nicht auf das Leben in der Gruppe vorbereiten. Natürlich machen wir das, weil wir uns so sehr ähnlich sind. Aber durch die Nachahmung werden wir uns immer ähnlicher – so ähnlich, dass wir miteinander in Konflikt geraten. Wir wollen das Gleiche haben, was die anderen auch wollen. Wir wollen alle dasselbe, aber manchmal können das nur einige wenige oder sogar nur einer besitzen. Nur einer kann der Boss sein, der Reichste oder der beste Krieger, beim Sport gewinnen oder die schönste Frau als Ehefrau haben. Wenn wir nicht sehen würden, dass andere all diese Ziele anstreben, würden wir sie wahrscheinlich auch nicht verfolgen – jedenfalls nicht so heftig. Aber da sie normalerweise ganz heftig verfolgt werden, verfolgen wir sie aus Nachahmung ebenfalls ganz heftig. Und so entzweit uns das, was uns vereint – das *Interesse*. Ursprünglich bedeutete »Interesse« das, was zwischen zwei oder mehr Personen ist, das heißt das, was sie eint, aber auch trennt.

Wir leben also in ständigem Konflikt, weil sich unsere Wünsche so sehr ähneln und deshalb aufeinander stoßen, aber auch deshalb, weil wir so übermäßig soziale Wesen sind, die sich alle sehr ähnlich sein wollen – aus übersteigerter Treue zu den Menschen des gleichen Landes, der gleichen Religion, Sprache, Hautfarbe. Darum sehen wir die Andersartigen als Feinde an und ächten oder verfolgen sie. Darüber werden wir später noch einmal reden, wenn wir den Nationalismus und den Rassismus behandeln, diese Krankheiten des sozialen Verhaltens. Jetzt will ich dich auf eine wichtige Sache aufmerksam machen, die aber gegen die allgemeine Meinung verstößt. Man wird dir erzählen, dass an den Übeln der Gesellschaft die Asozialen schuld sind, die Individualisten, die, die sich nicht um die Gemeinschaft kümmern oder sich gegen sie auflehnen. Ich bin gegensätz-

licher Meinung (mag sein, dass ich mich irre): Die gefähr-
lichsten Feinde des Sozialen sind die, die sich für den Gipfel
des Sozialen halten; die das, was man in der Gesellschaft an-
strebt (zum Beispiel Geld, die Bewunderung der anderen
oder den Einfluss auf die anderen), in wilde Leidenschaften
ihrer Seele verwandeln; die alles kollektivieren wollen; die
darauf bestehen, dass wir alle dasselbe wollen, obwohl wir
viele sind; die von den gemeinsamen Werten so überzeugt
sind, dass sie die ganze Welt zum Guten bekehren wollen,
auch mit Gewalt. Die meisten echten Individualisten sind
fremden Geschmäckern gegenüber offen, weil sie ihnen
gleichgültig sind. Und da sie ihre eigenen Werte haben, die
oft nicht auf der »offiziellen« Werteskala stehen, stoßen sie
nicht frontal mit denen zusammen, die anders sind als sie.
Sie wollen ihre eigenen Tugenden den anderen nicht mit Gewalt aufzwingen, und sie kämpfen auch nicht wie wild darum, etwas Einzigartiges an sich zu reißen, dessen höherer
Wert nur daher kommt, dass viele es haben wollen. Die für
das Leben in Gemeinschaft geeignetsten Menschen sind die,
die den Kompromiss mit den anderen aus der Vernunft heraus wollen, ohne dabei zu übertreiben. Jetzt, da uns niemand
hört, flüstere ich dir eine Lästerei zu: Erinnerst du dich daran, dass ich dir in dem Buch über die Ethik gesagt habe,
dass die nachdenklichen Egoisten die Ethik am besten verstehen? Denn die Mitglieder der Gemeinschaft, die am wenigsten zu ihrer Zerstörung beitragen, sind genau diese Individualisten, gegen die du so viele Predigten hörst: die, die
für sich selbst leben und deshalb wissen, warum man auch in
Harmonie mit den anderen leben muss – nicht die, die nur
für die anderen leben und für die Interessen der anderen.

Trotzdem, der Konflikt zwischen verschiedenen Interessen ist an sich nicht schlecht. Dank der Konflikte macht die Gesellschaft Erfindungen, sie wandelt sich, sie bleibt nicht stehen. Die Einmütigkeit ohne Überraschungen ist sehr schön, aber auch so todlangweilig wie ein geradlinig verlaufendes Enzephalogramm. Wir können nur dann sicherstellen, dass jeder eine eigene Persönlichkeit besitzt – das heißt, dass wir tatsächlich viele sind und nicht nur einer, der aus vielen Zellen besteht –, wenn wir ab und zu gegeneinander stoßen und mit den anderen konkurrieren. Vielleicht wollen wir alle dasselbe, aber an den Rangeleien, die dabei entstehen, um es zu erreichen, oder bei der Untersuchung der gleichen Angelegenheit aus verschiedenen Perspektiven stellen wir fest, dass wir nicht alle wie einer sind. Manchmal sagen die, die gerne Befehle geben: »Alle wie ein Mann! Aufrecht wie ein Mann!« So ein kollektivistischer Quatsch! Warum zum Teufel müssen wir alle etwas »wie ein Mann« machen, wo wir doch so viele sind? Was auch immer wir tun – miteinander oder gegeneinander –, es ist immer besser, es wie dreihundert oder wie tausend Mann zu tun (oder wie viele wir gerade sind) und nicht wie einer – weil wir nicht einer sind. Handeln wir mit den anderen solidarisch oder wie Komplizen! – aber nicht mit ihnen verschmolzen und in ihnen verloren, mit ihnen verschweißt oder ihnen zum Verwechseln ähnlich.

Es muss also in der Gesellschaft Konflikte geben, weil in ihr wirkliche, unterschiedliche Menschen leben, mit ihren eigenen Initiativen und Leidenschaften. Eine Gesellschaft ohne Konflikte wäre keine menschliche Gesellschaft, sondern ein Friedhof oder ein Wachsfigurenkabinett. Und wir

Menschen konkurrieren miteinander und stoßen aufeinander, weil die anderen uns wichtig sind (manchmal sogar zu wichtig!), weil wir uns gegenseitig ernst nehmen und dem Leben in Gemeinschaft mit ihnen Bedeutung beimessen. Letztendlich haben wir aus dem gleichen Grund miteinander Konflikte, aus dem wir den anderen helfen oder mit ihnen zusammenarbeiten: weil wir uns um die anderen Menschen sorgen, weil wir uns um unsere Beziehung zu ihnen Sorgen machen, weil wir Werte mit ihnen teilen oder nicht teilen, weil die Meinung, die sie von uns haben (dieser Punkt ist sehr wichtig: wir verlangen, dass sie uns lieben oder bewundern oder dass sie uns wenigstens ernst nehmen – wenn nicht, sollen sie uns fürchten), und das, was sie uns geben und nehmen, uns wichtig ist. In dem Maße, wie wir Menschen zahlreicher werden, erhöhen sich auch die Möglichkeiten für Konflikte. Es vergrößert sich auch das Durcheinander, wenn sich unsere Aktivitäten oder Möglichkeiten ausweiten und verschiedenartiger werden. Vergleiche bloß mal den Indianerstamm am Amazonas mit kaum hundert Mitgliedern – die alle eine genau festgelegte männliche oder weibliche Rolle haben, ohne viele Möglichkeiten, von der Norm abzuweichen – mit dem überaus komplizierten Gewimmel in Paris oder New York.

Es ist nicht die Politik, die die Konflikte produziert, ob sie nun schlecht oder gut, anregend oder tödlich sind – sie sind notwendige Merkmale des Lebens in der Gesellschaft. Und paradoxerweise bestätigen die Konflikte, wie hoffnungslos sozial wir sind! Daher beschäftigt sich die Politik damit (erinnere dich daran, dass sie die Gesamtheit der Gründe für das Gehorchen und Nichtgehorchen ist), bestimmte Konflikte einzudämmen, sie in bestimmte Bahnen zu lenken, ihnen bestimmte Formen zu geben, zu verhindern, dass sie sich ausbreiten, bis sie wie ein Krebs die Gesellschaft zerstören. Wir Menschen sind aggressiv. Das werden wir später behandeln, wenn wir über Krieg und Frieden reden: Wenn wir nicht aufpassen, treiben wir unsere Meinungsverschiedenheiten so weit, dass wir uns gegenseitig umbringen. Die anderen tierischen Wesen, die in Gruppen leben, haben gewöhnlich instinktive Verhaltensregeln, die die Konflikte innerhalb der Gruppen begrenzen: Die Wölfe tragen unter sich wilde Kämpfe um ein Weibchen aus, aber wenn der Verlierer freiwillig dem Stärkeren seine Kehle hinhält, gibt sich dieser zufrieden und schenkt ihm das Leben. Wenn in einem Kampf zweier männlicher Gorillas einer ein Gorillababy in die Arme nimmt und es wiegt, wie die Weibchen es tun, dann hört der andere sofort auf zu kämpfen, weil die Weibchen nicht angegriffen werden. Es gibt noch zahllose Beispiele. Wir Menschen dagegen üben gewöhnlich keine so barmherzige Rücksichtnahme aufeinander. Daher müssen wir Kunstgriffe erfinden, damit es nicht zum Schlimmsten kommt: Es sind Personen oder Institutionen notwendig, denen alle gehorchen und die in den Streitereien vermitteln, indem sie ihren Schiedsspruch anbieten oder Zwang ausüben. Sie sollen verhindern, dass sich die Streitenden gegenseitig umbringen, die Schwächsten (Kinder und Alte) vernichtet werden, dass eine Kette gegenseitiger Racheakte in Gang gesetzt wird, die die Eintracht in der Gruppe zerstört.

Aber die politische Autorität hat auch noch andere Funktionen zu erfüllen. In jeder menschlichen Gesellschaft gibt es bestimmte Dinge, die Zusammenarbeit oder irgendeine Art der Unterstützung durch alle Bürger erfordern: die Verteidigung der Gruppe; die Errichtung öffentlicher Bauwerke von großem Nutzen, die kein Einzelner alleine realisieren könnte; die Änderung von Traditionen oder Gesetzen, die lange Zeit gültig gewesen waren, und ihre Ersetzung durch andere; die Unterstützung der von einer allgemeinen Katastrophe Heimgesuchten oder der durch die persönlichen Katastrophen Betroffenen, die für uns alle Bedeutung haben (kindliche Hilflosigkeit, Krankheit, Alter usw.); sogar die Organisation von gemeinsamen Festen, die die Bande der bürgerlichen Freundschaft festigen und das Gefühl stärken, Teil eines harmonischen Ganzen zu sein. Die Notwendigkeit, irgendeine Form der Regierung, irgendeine Art Befehlsstand einzurichten, der die Gruppe leitet, wenn es sich als notwendig erweist, stützt sich auf diese und ähnliche Rechtfertigungen. Sie fallen dir vielleicht selbst ein, wenn du etwas über diesen Punkt nachdenkst. Ich habe nur die positiven Begründungen genannt, das heißt die, die aufbauen oder heilen wollen. Autorität ist aber auch notwendig, um bestimmte Übel zu verhüten, die viele betreffen, die aber einige wenige aus kurzsichtigem Interesse fördern (die Zerstörung der Naturschätze ist ein gutes Beispiel). Autorität ist außerdem notwendig, um eine Mindestausbildung sicherzustellen, die jedem Mitglied der Gruppe die Möglichkeit garantiert, den Schatz der Weisheit und Fähigkeiten kennen zu lernen, den die Vorfahren im Laufe der Jahrhunderte angesammelt haben.

Die Anhänger der Anarchie können die meisten dieser Forderungen und ihre Dringlichkeit anerkennen, aber sie argumentieren nicht ohne gute Gründe, dass die Einrichtung einer staatlichen und einzigen Behörde gewöhnlich mehr

Probleme schafft, als sie löst – noch viel schlimmer: Die Lösungen der Probleme erweisen sich hinterher als problematischer als die Übel, die sie beseitigen sollten. Um die Gewalt zu beenden, wurden Militär und Polizei erfunden – die viele Gewalttaten begehen. Mit dem Anspruch, den Schwachen zu helfen, schwächen sie mit ihrer auf Einhaltung der Vorschriften achtenden Übermacht die ganze Welt. Im Namen der Einheit der Gesellschaft unterdrücken sie die freie und schöpferische Entfaltung der Einzelnen. Sie erfinden das Ganze (Vaterland, Nation, Zivilisation), eine unantastbare Persönlichkeit, die aus dem Hass auf die Fremden, die Anderen, die Abweichler gemacht ist. Sie wandeln die Erziehung in ein Instrument der Unterwerfung unter starre Lehrsätze, die Mächtigen und die Vorurteile, die sie begünstigen, um. Kurz gesagt, sie erfinden eine besondere Gruppe – die »Spezialisten im Befehlen« – und setzen sie mit Gewalt als »permanente Retterin« der anderen ein, die offensichtlich nur »Spezialisten im Gehorchen« sind.

Wenn ich so durch die Geschichte gehe, die älteste und die jüngste, muss ich dir gestehen, dass ich zu dem Schluss komme, dass diese Einwände gegen die Chefs und den Staat ziemlich begründet sind. Aber es scheint mir auch sinnlos, auf das Wunder zu warten, dass Millionen von Menschen es schaffen, auf eine automatisch harmonische und friedliche Art zusammenzuleben – ohne jede Art der kollektiven Führung und ohne Zwang, der die Freiheit der Brutalsten oder der Dümmsten (meistens sind das ja die Gleichen) begrenzt. Das scheint mir nicht vereinbar zu sein mit dem, was wir Menschen waren und noch sind; auch nicht mit dem, wozu wir wahrscheinlich werden. Ich halte also einige Befehle für notwendig – aber keine x-beliebige Art von Befehlen; gewisse Chefs – aber keine beliebige Art von Chefs; eine Regierung – aber nicht irgendeine Regierung. So kommen wir zu der anfänglichen Fragestellung zurück, womit sich die Politik beschäftigt: Wem müssen wir gehorchen? Wann müssen wir gehorchen? Wie lange und warum müssen wir weiter gehorchen? Und natürlich: Wann, warum und wie müssen wir rebellieren?

Lies noch was

»Diesmal möchte ich nur erklären, wie es geschehen kann, dass so viele Menschen, so viele Dörfer, Städte und Völker manches Mal einen einzigen Tyrannen erdulden, der nicht mehr Macht hat, als sie ihm verleihen, der ihnen nur so weit zu schaden vermag, als sie es zu dulden bereit sind, der ihnen nichts Übles zufügen könnte, wenn sie es nicht lieber erlitten, als sich ihm zu widersetzen. Seltsam gewiss und doch so gewöhnlich: Beklagen muss man es vielmehr als sich wundern, eine Million Menschen in elender Knechtschaft zu sehen, den Hals unter dem Joch, und nicht durch eine stärkere Gewalt bezwungen, sondern, wie es scheint, irgendwie verzaubert und behext allein durch den Namen des Einen, dessen Macht sie nicht zu fürchten brauchen.«

Etienne de la Boëtie, *Von der freiwilligen Knechtschaft*

»Ferner empfinden die Menschen am Zusammenleben kein Vergnügen, sondern im Gegenteil großen Verdruss, wenn es keine Macht gibt, die dazu in der Lage ist, sie alle einzuschüchtern. (...) In einer solchen Lage ist für Fleiß kein Raum, da man sich seiner Früchte nicht sicher sein kann; und folglich gibt es keinen Ackerbau, keine Schifffahrt, keine Waren, die auf dem Seeweg eingeführt werden können, keine bequemen Gebäude, keine Geräte, um Dinge, deren Fortbewegung viel Kraft erfordert, hin- und herzubewegen, keine Kenntnis von der Erdoberfläche, keine Zeitrechnung, keine Künste, keine Literatur, keine gesellschaftlichen Beziehungen, und es herrscht, was das Schlimmste von allem ist, beständige Furcht und Gefahr eines gewaltsamen Todes – das menschliche Leben ist einsam, armselig, ekelhaft und kurz.«

Thomas Hobbes, *Leviathan*

»Regiert zu werden bedeutet, überwacht, kontrolliert, ausspioniert, gelenkt zu werden, Gesetze aufgezwungen zu bekommen, reglementiert, eingeordnet, belehrt zu werden, Strafpredigten zu erhalten, mit Steuern belegt, geschätzt, bewertet, gezählt zu werden, Befehle zu erhalten – das alles von Wesen, die weder Befähigung noch Wissen noch Tugend besitzen. Regiert zu werden bedeutet, bei jeder Handlung eingetragen, registriert, zensiert, tarifiert, abgestempelt, bewertet, eingestuft, patentiert, genehmigt, autorisiert, erläutert, ermahnt, im Zaum gehalten, umgestaltet, verbessert, korrigiert zu werden. Es bedeutet, unter dem Vorwand des öffentlichen Nutzens und im Namen des allgemeinen Interesses, mit Steuern belegt, verwaltet, geschröpft, ausgebeutet, in Anspruch genommen, ausgeplündert, getäuscht, beraubt zu werden; dann, beim geringsten Widerstand, beim ersten Wort der Klage, unterdrückt, bestraft, verleumdet, drangsaliert, verfolgt, misshandelt, verprügelt, wehrlos gemacht, geknebelt, eingekerkert, standrechtlich erschossen, niedergeschossen, verurteilt, bestraft, deportiert, geopfert, verkauft, verraten und zu alledem noch ausgelacht, lächerlich gemacht, beschimpft, entehrt zu werden. Das ist die Regierung, das ist ihre Moral, das ist ihre Gerechtigkeit!«

Pierre Joseph Proudhon,
Idée générale de la révolution au XIXe siècle

»Aus den oben dargelegten Grundlagen des Staates folgt ganz offenbar, dass der letzte Zweck des Staates nicht ist, zu herrschen, noch die Menschen in Furcht zu halten oder sie fremder Gewalt zu unterwerfen, sondern vielmehr den Einzelnen von der Furcht zu befreien, damit er so sicher als möglich leben und sein natürliches Recht, zu sein und zu wirken, ohne Schaden für sich und andere vollkommen behaupten kann. Es ist nicht der Zweck des Staates, die Menschen aus vernünftigen Wesen zu Tieren oder Automaten zu machen, sondern vielmehr zu bewirken, dass ihr Geist und ihr Körper ungefährdet seine Kräfte entfalten kann, dass sie selbst frei ihre Vernunft gebrauchen und dass sie nicht mit Zorn, Hass und Hinterlist sich bekämpfen noch feindselig gegeneinander gesinnt sind. Der Zweck des Staates ist in Wahrheit die Freiheit.«

Benedictus (Baruch) de Spinoza,
Theologisch-politischer Traktat

»Ich empöre mich, also sind wir.«
Albert Camus, *Der Mensch in der Revolte*

Kapitel 3

Wer ist hier der Boss?

Im 16. Jahrhundert stellte sich ein junger französischer Schriftsteller und Freund von Montaigne – Etienne de la Boëtie – eine anscheinend naive, aber eigentlich sehr tiefgründige Frage: Warum gehorchen die Mitglieder jeder Gesellschaft, die zahlreich sind, einem Einzigen – heißt er nun König, Tyrann, Diktator, Präsident oder Chef? Warum ertragen sie seine Befehle, anstatt ihn zum Teufel zu jagen oder ihn aus dem Fenster zu werfen, falls er zu lästig wird? Kein Chef ist körperlich so stark wie die Gesamtheit seiner Untergebenen, nicht einmal wie vier oder fünf draufgängerische Untergebene. Also, warum gehorcht man ihm, obwohl er ein gefährlicher Verrückter ist wie Caligula oder ein Unfähiger, wie es unter denen, die die anderen befehligen, so viele gab, gibt und geben wird? Aus Angst vor seinen Wachen? Aber – warum gehorchen ihm seine Wachen? Wegen des Geldes? Aber wenn sie Geld wollen – warum nehmen sie ihm nicht alles, was er hat, und damit basta? Und warum wird Caligula oder irgendein armer Unfähiger wie Louis XVI. beseitigt? Nur damit die Leute sich sofort einen anderen, nicht viel besseren Typen suchen?

Im vorigen Kapitel haben wir einige Gründe untersucht, warum es uns Menschen – trotz der offensichtlichen Unannehmlichkeiten – anscheinend immer gefallen hat, auf einen Teil der persönlichen Freiheit zu verzichten und einem anderen zu gehorchen. Letztendlich geht es darum, die Vorteile des *Zusammenlebens* in Gemeinschaft so weit wie möglich auszunutzen. Der Hauptvorteil besteht darin, dass durch die Vereinigung der Kräfte Ziele erreicht werden, die jeder für sich alleine nie erreichen würde. Diese Einheit wird durch eine einzige Führung ermöglicht. Diese muss eine gewisse Stabilität besitzen, um zu garantieren, dass die soziale Einheit nicht eine vorübergehende Angelegenheit ist, sondern etwas, worauf man sich verlassen kann. Friedrich Nietzsche drückte es im 19. Jahrhundert so aus: Die Gesellschaften bestehen aus einer Reihe von ausdrücklichen oder stillschweigenden Versprechen, die sich die Mitglieder der Gruppe gegenseitig geben. Es muss aber jemanden mit genügend Autorität geben, der garantiert, dass diese Versprechen eingehalten werden. Wenn nicht, lohnt das Leben in Gemeinschaft nicht den Ärger, den man davon hat. Ohne Autorität drohen die Konflikte zwischen den Einzelnen in unkontrollierbarer Gewalt zu enden. Auch wenn so viele Namen unsere Vereinbarung verletzen, dass ich dir keine fremden Ideen als meine eigenen verkaufe, möchte ich noch eine berühmte Persönlichkeit zitieren – Thomas Hobbes, einen englischen Philosophen des 17. Jahrhunderts. Seiner Meinung nach wählten die Menschen einen Führer aus Furcht – vor sich selbst, vor dem, was aus ihrem Leben werden könnte, wenn sie nicht jemanden ernannten, der ihnen Befehle gab und ihre Streitigkeiten beilegte. Weil er eine pessimistische (oder realistische, wenn es dir lieber ist) Sicht der Menschen hatte, dachte Hobbes, der Mensch könne schließlich zum Raubtier für die anderen Menschen werden: Nicht einmal der Stärkste kann sicher sein, weil er ab und zu schlafen muss und sich der scheinbar schwache Feind dann nähern und ihn problemlos umlegen kann. Das Leben der Einzelnen aber, die ständig untereinander verfeindet sind und immer den tödlichen Schlag fürchten, ist finster, brutal und kurz. Deshalb verzichten alle lieber auf ihren gewalttätigen Impuls und unterwerfen sich einem Einzigen, der das Gewaltmonopol besitzt – dem Herrschenden. Es ist besser, einen zu fürchten, als alle, sagt Hobbes, vor allem, wenn dieser eine sich nach klaren Regeln und nicht nach Launen richtet! Sogar ein Caligula, mit seinem ganzen Horror, ist weniger schlimm, als die tausend Caligulas loszulassen, die wir alle in uns haben.

Sicher waren die Führer – die mit Befehlsgewalt ausgestatteten Personen – immer von einem Heiligenschein des Respekts und der Verehrung umgeben, so als ob sie keine menschlichen Wesen wären. Die Gewohnheit, dass alle einem gehorchen, haben wir mit viel Blut bezahlt und unter enormem kollektivem Druck annehmen müssen. Daher umgibt den, der ein Amt innehat, eine Art heilige Furcht – auch wenn er nur ein Dorfbürgermeister ist. Jeder Chef hat etwas von einem Unberührbaren, einem *Tabu*, sonst könnte er sich nicht einen Augenblick lang als Chef halten. Deshalb haben die Führer so sehr die Blutsverwandtschaft mit den Göttern gesucht und manchmal wurden sie für irdische Götter gehalten. Einige Könige des Altertums wurden von den Untertanen nicht nur für die Ordnung in der Gesellschaft, sondern auch in der Natur verantwortlich gemacht. Sie hatten die Pflicht, Gesetze zu erlassen und Schlachten zu gewinnen und auch den Regen, der eine gute Ernte ermöglichte, zu garantieren. So viel Vertrauen in ihre Macht war für die Betroffenen sehr schmeichelhaft, aber auch ziemlich gefährlich: Wenn die Untertanen der Meinung waren, die Ursache für eine hartnäckige Trockenheit sei die Trunksucht des Monarchen, konnten sie ihn einen Kopf kürzer machen. Letzten Endes gehorcht kein Mensch gerne ohne weiteres einem anderen Menschen. Deshalb hält er ihn einfach für etwas mehr als einen Menschen und gehorcht ihm so lieber, ohne sich gedemütigt zu fühlen. Daher vergöttert man die Regierenden gewöhnlich, umgibt sie mit Bewunderung und gewährt ihnen Privilegien; aber wenn sie uns enttäuschen, behandeln wir sie mit außergewöhnlicher Grausamkeit. Man gesteht ihnen etwas Besonderes zu, eine Macht, die die der gewöhnlichen Sterblichen übersteigt; aber aus dem gleichen Grund verzeiht man ihnen keine Schwächen – die man den normalen Menschen gestattet. Die Pflicht, einem Gleichen zu gehorchen, hat diesen den Menschen seit tausenden von Jahren unerträglich gemacht. Der Führer musste immer etwas sein, was die anderen nicht waren (zum Beispiel ein Gott), oder außergewöhnliche Merkmale besitzen, die die anderen nicht hatten, oder er musste mit seinen Befehlen etwas repräsentieren, das über den Einzelnen steht – das Gesetz –, das auch er befolgen muss. Es gibt nichts Menschlicheres als die Forderung, dass die, denen wir gehorchen, etwas mehr als nur Menschen sind oder etwas verkörpern, das über den menschlichen Leidenschaften und Schwächen steht. Es gibt nichts Menschlicheres – und auch nichts Gefährlicheres – für den Betroffenen wie für die übrigen Mitglieder der Gemeinschaft.

Die ersten Formen der sozialen Autorität müssen sehr der Autorität in der Familie geglichen haben, denn die Eltern sind die ersten »Chefs«, denen alle Menschen gehorchen müssen. Zu Anfang sind die Eltern wie Götter für ihre Kinder, weil das Überleben von ihnen abhängt. Später erkennen die Kinder in ihren Eltern die ersten zwei Gründe an, auf die sich der elementarste Gehorsam stützen muss: Sie sind stärker und wissen mehr. Die körperliche Kraft und das Wissen – die durch Erfahrung angeeigneten Kenntnisse – stellen zwei primitive, aber wirksame Argumente dar, die den Gehorsam sinnvoll erscheinen lassen. Ich habe bereits erwähnt, dass das Erste, das wir in der Unterstützung durch die anderen suchen, das Überleben ist. Später wollen wir ein volles Leben und impfen uns sozial gegen die Zermürbung des Todes. Also, die Kraft unserer Eltern (oder derer, die diese Rolle übernehmen) schützt uns vor äußeren Angriffen und sichert unseren ersten Lebensunterhalt. Ihre Erfahrung lehrt uns die ersten Lektionen, wie man Gefahren aus dem Weg geht und notwendige Güter erhält, und wir lernen die Regeln, wie wir mit den anderen Menschen Kontakt aufnehmen und uns in die Gruppe einordnen. Das heißt, dank der Kraft und Weisheit der Eltern können wir unsere gefährlich schwachen Anfänge überleben, um unter dem Schutz von Symbolen, Gesetzen und Spielen zu leben anzufangen. Das Kind braucht Stärke und Informationen für den Beginn seines Lebens (es braucht auch Zuneigung und muss sich angenommen und geliebt fühlen; auf ihre Art hören die Herrschenden nicht auf, damit zu spielen, obwohl die politischen Autoritäten nicht zu denen gehören, die am besten Zuneigung garantieren können). Für den Erwachsenen sind die

Stärke und das Wissen die Hauptmotive für den Gehorsam gegenüber denen, die sich der Gruppe als eine Art »Eltern« anbieten.

Natürlich lernt das Kind schnell, dass es in der Gruppe Personen gibt, die stärker und klüger sind als seine natürlichen Eltern. Im Grunde genommen hat jede Gruppe, jede soziale Gemeinschaft etwas Kindliches: Die Einheit vieler Einzelpersonen ist immer etwas elementarer, als ein Einzelner sein kann – sie ist naiver, impulsiver, weniger reif, launenhafter und vor allem wackeliger. Wenn der Erwachsene, der für sein Leben keine Eltern mehr braucht, Teil eines Stammes wird, fühlt er sich von neuem klein. Er braucht die Stärke und Weisheit, die nur die Eltern geben können. Es ist merkwürdig: In bestimmten Aspekten vergrößert die menschliche Gemeinschaft die Fähigkeiten des Einzelnen, in anderen verkleinert sie sie und führt dazu, dass er sich wieder abhängig und unsicher fühlt. Wie können wir von den Möglichkeiten der Erweiterung, die uns die Gesellschaft bietet, profitieren, ohne durch sie mehr als nötig verkleinert zu werden? Eine geistreiche Frage – auf die ich leider nur unvollkommene Antworten habe. Also, was ich sagen wollte: Die »Eltern« der menschlichen Gemeinschaft müssen ebenfalls Stärke und Kenntnisse besitzen, damit man ihnen gehorcht. Sie müssen fähige Jäger sein, wilde Krieger, mächtige Zauberer, große Baumeister, sie müssen in der Lage sein, die Feinde zu vernichten, Überschwemmungen und Trockenheiten zu verhüten, Streit zwischen oppositionellen Gruppen oder Einzelinteressen zu schlichten, und sie müssen außerdem schöne Feste organisieren, bei denen die Mitglieder der Gruppe sich leicht, frei von Routine und Arbeit und mit den anderen zusammen glücklich fühlen können. Wie man sieht, fehlt es ihnen nicht an Arbeit, den Eltern des Vaterlandes! – Aber dafür bezahlen wir sie schließlich.

Damals, in den Anfängen, als wir mehr oder weniger »primitiv« waren, wie man so sagt (tatsächlich sind wir immer noch äußerst primitiv), waren die Chefs gewöhnlich die Muskulösesten und Fähigsten, unterstützt von denen mit der größten Erfahrung. Die Bedeutung der Alten war zweifellos riesig, weil sie den Schatz der Erinnerungen hatten und die Erfindungen der Gruppe bewahrten – in Zeiten, als es noch keine Schrift gab, um diese festzuhalten, oder die meisten Leute nicht lesen konnten. Wir haben schon gesagt, dass der Hauptvorteil des Lebens in Gemeinschaft darin besteht, dass man nie wieder von vorn beginnen muss, dass wir sofort viele Tricks und Fähigkeiten erlernen können, für deren Entdeckung jeder für sich viel Zeit benötigt hätte – oder die er nie entdeckt hätte. Ich zum Beispiel hätte viel Zeit gebraucht, um das Fernsehen oder das Rad zu erfinden; und du hättest natürlich ohne etwas Nachhilfe durch die Vorfahren niemals die Algebra erfinden können. Der Ältestenrat hat immer große Autorität besessen – der Titel des »Senators« bei den Römern (was von »senior« – älter, größer – kommt) drückt genau das aus. Die Erfindung der Schrift gab dem Wissen, den Erinnerungen und Legenden eine sicherere Grundlage als das bloße Gedächtnis der Einzelnen. Aber die Lebenserfahrung der Alten, ihre Reife, ihre Gelassenheit angesichts der Erregungen und Leidenschaften waren weiterhin maßgebend dafür, dass die Leute ihrer Führung vertrauten. Außerdem ist das Alter ein ziemlich objektives Kriterium für Autorität. Und so kommen wir zu der großen Frage: Wie soll man die bestimmen, die befehlen sollen?

Bei den primitiven Stämmen muss die Sache relativ einfach gewesen sein. Man erkennt ja, wer der Stärkste ist, nicht wahr? Wenn die Gruppe zum Beispiel von der Jagd lebt, folgt sie dem besten Jäger, nicht dem ungeschicktesten. Und sie folgt ihm, solange er Tag für Tag beweist, dass er der Jäger ist, der das größte Vertrauen verdient. Das Alter oder ein schwerer Fehler können in jedem Augenblick bewirken, dass er die Führung verliert. Erinnerst du dich an Akela, den alten Führer des Wolfsrudels, das im *Dschungelbuch* von Rudyard Kipling Mowgli aufzog? Bei jeder Verfolgung einer Beute setzte er seine Führung aufs Spiel, bis … Die ältesten Stämme müssen Kriterien gefolgt sein, die nicht sehr viel anders waren als die des Rudels von Akela. Das Gleiche gilt für den Krieg: Wenn es ans Kämpfen ging, musste man nicht dem Witzigsten oder Zärtlichsten vertrauen, sondern dem Stärksten, dem Tapfersten, dem Wildesten oder Brutalsten. Täusch dich nicht: Auch du und ich hätten den gewählt, der uns am besten verteidigen oder die Eroberung leiten konnte. Das Leben bestand ja aus Verteidigen oder Erobern. Außerdem schlagen sich gewöhnlich die kräftigen Männer selbst als Führer vor – und wehe dem, der protestiert! Solange kein anderer auftaucht, der fähig ist, ihm die Führung streitig zu machen, kann man nichts machen. Die Muskelkraft, die Fähigkeit, zu jagen oder gute Siedlungsplätze für die Gruppe auszusuchen, die Erfahrung des Alters und Ähnliches müssen also die ersten Kriterien für das Recht zu befehlen und für den gerechtfertigten Gehorsam gewesen sein.

Bisher haben wir nur über sehr einfache Gruppen gesprochen. Sie hatten wenige Mitglieder, deren Existenzform ziemlich einfach und ohne Komplikationen war. Aber als die Gruppen größer und die beruflichen Tätigkeiten verschiedenartiger wurden, wurde die Politik erheblich vielschichtiger. Die Kandidaten für die Führung wurden zahlreicher, jeder hatte seine Anhänger, und die Kämpfe um die Macht drohten die Harmonie des Stammes zu zerstören. Andererseits bestanden die Probleme, die der Führer zu lösen hatte, nicht mehr nur in der Jagd und im Krieg, sondern auch darin, komplizierte Entscheidungen zu treffen. Die Stämme ließen sich nieder, als sie Landwirtschaft zu betreiben begannen, und es entstand Streit über die Verteilung des Bodens und darüber, wem er gehörte, über die Erbfolge, die Ehebräuche, die Organisation notwendiger öffentlicher Bauten und was weiß ich noch alles. Der beste Führer war nicht mehr der, der die meisten Kriege gewann, sondern wer einen vorteilhaften Frieden mit den Nachbarn erreichen konnte, um mit ihnen Handel treiben zu können. Heutzutage hörst du sicher oft, wie viele den Kommerz verabscheuen, das Gewinnstreben, die Geldsucht usw. Der kaufmännische Geist der Händler – wie grässlich! Aber es ist angebracht, sich zu erinnern, dass der Handel der erste Ersatz für den Krieg war und dass die ersten Pazifisten die Kaufleute waren, die aus den Nachbarn durch den friedlichen Handel größeren Nutzen zu ziehen hofften. Wie bei anderen Gelegenheiten bestätigt sich hier ein Prinzip, über das ich dich bitte nachzudenken: Weil uns Menschen das Interesse an etwas motiviert, geben wir nie ein Verfahren auf, das Vorteile mit sich bringt (den Krieg zum Beispiel) – es sei denn, man ersetzt es durch ein noch interessanteres. Folglich war in den entwickelteren, stabileren und Handel treibenden Gesellschaften die Anwendung der alten Grundregeln der Stärke und des Wissens viel schwieriger als früher – sie blieben zwar gültig, mussten aber etwas verfeinert werden.

Andererseits verursachten die Gesetze auch ihre eigenen Schwierigkeiten. Die ältesten Stämme kannten keine Gesetzbücher, wie wir sie heute haben. Die Gesetze oder Normen, die die verschiedenen Aspekte des Gemeinschaftslebens regelten, stützten sich auf die Tradition, die Legenden und Mythen – mit einem Wort: auf die Erinnerung der Gruppe, deren Verwalter und Träger die Alten waren, wie wir gesagt haben. Das Gesetz beruhte auf dem, was man immer gemacht hatte. Da wurde nicht zwischen dem, was man gewöhnlich tut, und dem, was man aus dem einen oder anderen Grund machen will, unterschieden. Das wichtigste Argument für die Einhaltung einer Regel war: »So haben wir das immer gemacht.« Und um zu erklären, warum man es immer so gemacht hatte, berief man sich auf die Legende über einen heldenhaften Vorfahren – den Gründer der Gruppe – oder auf die Befehle eines Gottes. Wie du dir vorstellen kannst, hatte man bis dahin nicht immer das gemacht, was nun das Gesetz befahl: Die betreffende Norm war als Versuch entstanden, ein konkretes Problem der Gruppe zu lösen, und später versicherte man, damit niemand sie in Frage stellt, dass sie aus der sagenumwobenen Gründungszeit der Gruppe stammt. Den modernen Menschen dagegen erscheint alles Altertümliche zweifelhaft und wenig vertrauenswürdig. Wir sind daran gewöhnt, dass die tiefste Wahrheit in der Neuheit, der Entdeckung, der allerneusten Erfindung besteht. Die so genannten primitiven Gesellschaften glaubten genau das Gegenteil: dass man nur auf das vertrauen konnte, was über viele Jahre erprobt war, was die Vorfahren, die weiser und halb göttlich waren, eingeführt hatten. Heute entstauben wir manchmal eine alte Idee oder Theorie und verkaufen sie als große Neuigkeit, damit die Leute sich für sie interessieren. Die Primitiven dagegen verbanden jede neue Idee oder neue Regel, die ihnen einfiel, mit Legenden aus der Vorzeit, damit sie angenommen wurde. Ich nehme an, dass es zwischen den Alten (deren Auftrag die Erinnerung und Wiederholung war) und den Erfindern (die beweisen mussten, wie uralt das ist, was ihnen angesichts der Schwierigkeiten der Gegenwart eingefallen ist) eine Menge Streit gegeben hat.

Die grundlegende Form der *Legitimität,* das heißt der Rechtfertigung der Autorität, stammte früher immer aus der Vergangenheit. Warum sind die Eltern stärker und klüger als das Kind? Weil sie vor ihm auf die Welt gekommen sind. Nach der Logik der Primitiven mussten die Eltern der Eltern der Eltern noch stärker und klüger gewesen sein als die derzeitigen Eltern, fast Verwandte und Kollegen der Götter. Was sie für gut gehalten hatten – vielleicht, weil es ihnen eine Gottheit offenbart hatte –, konnten die jetzigen Menschen nicht diskutieren, die viel schwächer und bedauerlicherweise menschlicher waren. Und auch die Führer lernten, sich auf die gleiche Weise zu rechtfertigen. Der für das Befehlen Würdigste war, wer in direkter Linie von einer mythischen Führergestalt abstammte, die ihrerseits Sohn eines halb göttlichen Helden oder eines Gottes war. Die Familie, die Sippe wurden zur Grundlage der Macht von

Pharaonen, Kaziken, Satrapen, Königen. Die Idee war gar nicht so schlecht, weil sich auf diese Weise die Anzahl der möglichen Kandidaten für den Thron verringerte – der Pöbel soll sich raushalten! – und die Kämpfe um die Macht auf eine oder zwei Familien beschränkt blieben. Stärke und Wissen, die der Kandidat für die Führungsposition früher persönlich und Tag für Tag unter Beweis stellen musste, verwandelten sich in Merkmale des Postens oder Amtes, das man hatte: Früher war man Führer, weil man der Stärkste oder Klügste war, später war man der Stärkste oder Klügste, weil man den Posten des Führers hatte. Wie immer ging es darum, die Stabilität und das Funktionieren der Gesellschaft zu sichern, und man vermied möglichst politische Wirren, Zusammenstöße der Bürger und gefährliche Neuerungen zugunsten einer bestimmten Gruppe. Eigentlich waren die Ergebnisse nur mittelmäßig, weil man den Sturz des Herrschers nicht verhindern konnte, auch nicht die Brudermorde, die Tyrannei von Monstren, die durch biologische Zufälligkeiten oder viele andere Missgeschicke auf den Thron gelangt waren. Lies bei Shakespeare nach, wenn du dich informieren willst, oder blättere einfach durch irgendein Geschichtsbuch.

Weil die Macht aus der mythischen Urzeit und von den Göttern kam, wurden die Priester zu wichtigen Personen des politischen Kampfes. Sie waren die Spezialisten für die Vergangenheit und die Sprecher der Götter. Wer Befehlsgewalt wollte, musste sich mit ihnen gut stellen und ihre Unterstützung, ihre Weihe suchen. Auch die Gesetze beruhten auf religiösen Gründen, weil sie von unanfechtbaren Gottheiten enthüllt worden waren, deren Willen die Priester interpretierten. Es gab keine menschlichen Gesetze, alle kamen vom Himmel und aus der Vergangenheit. Einige besonders ehrgeizige Führer beschlossen, sich gleichzeitig zu Königen und Oberpriestern zu machen, um ihre Macht besser zu sichern. Andere gingen noch einen Schritt weiter: Sie erklärten sich direkt zu Göttern, weil es ihre Vorfahren gewesen waren – zumindest bestand die Pflicht, das zu glauben. Die Mitglieder der Gesellschaft rechneten nicht allzu sehr mit einer Verteilung der Macht, es sei denn, die Pharaonen und andere Chefs wollten ihnen ein Zugeständnis machen. Niemand konnte Rechte ins Feld führen und auch nicht seine Meinung vor der absoluten Macht der Befehlenden vorbringen, die sich auf das Gesetz des Blutes, die Tradition und die Priester, die die göttlichen Diktate auf der Erde verkündeten, stützten. So lebten die alten Gesellschaften in Ägypten, Mesopotamien, China, im Azteken- und Inkareich des alten Amerika, die afrikanischen Königreiche. So hätte die politische Frage in den menschlichen Gesellschaften ein für alle Mal gelöst sein können: Wie bei den Bienen und Ameisen werden einige zum Befehlen und die anderen zum Gehorchen geboren. Aber dann kamen die Griechen und mit ihnen und ihren gottlosen und revolutionären Ideen begann sich alles zu ändern.

Lies noch was

»Was ist das Gesetz des Dschungels? Schlag erst und gib dann Laut. Gerade an deiner Sorglosigkeit sehen sie, dass du ein Mensch bist. Aber sieh dich vor. Ich fürchte, wenn Akela nächstens seine Beute verfehlt – und bei jeder Jagd fällt es ihm schwerer, seinen Bock zu erlegen –, dann wird sich das Rudel gegen ihn und gegen dich wenden. Sie werden einen Dschungelrat am Felsen abhalten, und dann … und dann …«

Rudyard Kipling, *Das Dschungelbuch*

»An der Entstehung ursprünglicher Staaten scheint mir der bemerkenswerteste Umstand der zu sein, dass sie als Resultat eines unbewussten Prozesses erfolgte: Die Mitwirkenden dieser enormen Umwandlung scheinen nicht gewusst zu haben, was sie da schufen. Durch unmerkliche Verlagerungen im Umverteilungsgleichgewicht von Generation zu Generation hat sich die Spezies Mensch in eine Form sozialen Lebens eingebunden, in der die Vielen sich selbst herabsetzten, um die Wenigen zu erhöhen.«

Marvin Harris, *Kannibalen und Könige*

»Der Stammesfürst nahm immer während Kräfte an; zunächst herrschte er als Gott und dann – im eigenen Interesse – durch Stärke. Nur er konnte Dinge zum Gebrauch bei seiner ewigen Aufgabe anhäufen. Nur er hinterließ als Zeichen seines Hinscheidens ein Grab. Der Stammesfürst markiert die Geburt des Individuums.«

Jacques Attali, *Millennium*

»Aus der Bemühung Einzelner, den Tod von sich abzuwenden, ist die ungeheuerliche Struktur der Macht entstanden. Unzählige Tode wurden für das Fortleben eines Einzelnen gefordert. Die Verwirrung, die daraus entstand, heißt Geschichte. Hier hätte die wahre Aufklärung zu beginnen, die das Recht *jedes* Einzelnen auf Fortleben begründet.«

Elias Canetti, *Die Provinz des Menschen*

Kapitel 4

Die große Erfindung der Griechen

Erinnerst du dich an den zweiten Gesang der *Ilias* von Homer? Achill, der schrecklichste der griechischen Krieger, ist auf Agamemnon wütend und verlässt die Schlacht – eine lange Schlacht, in der die Griechen schon seit zehn Jahren die mit Mauern gut geschützte Stadt Troja belagern. Die verschiedenen Truppenführer der Achäer kommen zusammen, um zu diskutieren, was sie in der neuen Situation machen sollen – die Belagerung abbrechen und nach Hause zurückkehren oder blindlings angreifen, ohne mit der Unterstützung des zornigen Achill rechnen zu können? Für beide Meinungen gibt es Anhänger. Auch unter den Kriegern hört man unterschiedliche Stimmen, es gibt sogar Versuche zur Rebellion wie die von Thersites (einem einfachen Mann aus dem Volk) angeführte, der genug hat von den Missbräuchen und Launen des Königs Agamemnon. Thersites ist dafür, nach Griechenland zurückzukehren und den stolzen Agamemnon mit seiner ganzen Kriegsbeute allein auf dem Schlachtfeld vor den Toren Trojas zurückzulassen. Mal sehen, wie er ohne Hilfe damit fertig wird – er, der sich den anderen so überlegen fühlt. Aber Odysseus schreitet ein und bringt Thersites und die anderen Männer des Volkes, die sich in die Diskussion der Könige einmischen wollen, rücksichtslos zum Schweigen. Seid ruhig, nicht alle können König sein! Die zum Gehorchen geboren sind, dürfen sich nicht in die Überlegungen derjenigen einmischen, die zum Befehlen geboren sind! Und der arme Thersites (was übrigens »unverschämter Kerl« bedeutet) – Homer legt besonderen Nachdruck darauf, dass er sehr hässlich und bucklig war, damit seine Unverschämtheit, die herrlichsten und stärksten Fürsten belehren zu wollen, noch offensichtlicher wird – bleibt weinend in einer Ecke liegen, mit einem dicken Striemen auf dem Rücken, den ihm der König Odysseus mit einem Schlag seines Zepters beigebracht hat.

Wenn ich dir sage, dass in dieser Szene der *Ilias* Homer im Grunde von den Anfängen der Demokratie erzählt, wirst du wahrscheinlich denken, ich will mich über dich lustig machen. Und trotzdem scheint es mir, dass sie genau davon handelt. Die Könige und Fürsten der griechischen Völker, die sich gegen Troja verbündet haben, sind auf den üblichen Wegen auf den Thron gelangt, über die wir im vorigen Kapitel gesprochen haben: Sie ragten durch ihre Stärke oder ihre Schlauheit hervor und stammten von Familien ab, denen nach dem Recht des Blutes das Befehlen zustand – falls das Sperma »Recht« auf irgendetwas in der Politik verleihen kann! Als sie sich auf den Krieg gegen Troja eingelassen hatten, fühlte sich jeder den übrigen Helden gleich, auch wenn sie Agamemnon als Führer anerkannt hatten – aus militärischen Gründen und auch, weil die Expedition gestartet wurde, um seine Schwägerin Helena (die wenig vertrauenswürdige Frau seines Bruders Menelaus) zurückzuholen. Aber als Agamemnon seine Privilegien als provisorischer Führer überschritt und einen der ihm Gleichgestellten beleidigte, den Helden Achill, gab es einen wahnsinnigen Terror! Als die Führer der Achäer zu diskutieren begannen, zweifelte niemand daran, dass sie das tun würden, was die Mehrheit beschließen würde. Wenn die Mehrheit entscheiden würde zu bleiben, aber einige lieber gehen wollten, würde sie niemand daran hindern. Der geheimnisvolle Odysseus verteidigte den Standpunkt, Agamemnon als einziger Autorität zu gehorchen, aber immer aus Gründen der Nützlichkeit, nicht weil er glaubte, der wilde Atride hätte irgendein Recht – etwa aufgrund seiner Abstammung oder göttlicher Autorität –, sich als Boss aufzuspielen. Die – wie fast immer – besonnene Meinung des Odysseus war, es sei besser, einem Einzigen zu gehorchen, um der Gefahr, in der sie sich befanden, gegenüberzutreten, als direkt vor der Nase des Feindes Zeichen der Spaltung und des Haders zu zeigen. Ebenso hatte Achill sich von der Schlacht zurückgezogen, als er sauer wurde, und niemand besaß genug Autorität, um ihm zu befehlen, in den Kampf zurückzukehren (glaub aber nicht, dass Achill so was wie ein Kriegsdienstverweigerer war; er war noch weniger Pazifist als die anderen).

Also kurz gesagt, die Führer der Achäer betrachteten sich als gleichgestellt, sie sprachen wie Gleiche, diskutierten und entschieden unter Gleichen – auch wenn einige einflussreicher oder geachteter waren als andere. Sie ließen einen obersten Führer nur zu, soweit er ihnen passte und nur solange er sich vernünftig aufführte. Und die gemeinen Soldaten? Und die Leute aus dem Volk? Um die hat sich niemand gekümmert – du hast ja gesehen, was dem armen Thersites passierte, diesem Urmärtyrer der Meinungsfreiheit, weil er den Helden spielen wollte! Das ist ja geil, wirst du sagen. Wie komme ich auf die Idee, dass in solchem Missbrauch der Mächtigen etwas von einer Demokratie steckte? – Deine heilige Entrüstung (wie die derjenigen, die die Demokratie der Athener zurückweisen, weil sie Sklaven hatten – ein Thema, über das wir später reden werden) zeigt, wie verwurzelt hier bereits das Prinzip ist, dass *alle* Personen gleiches Stimmrecht in den Fragen der politischen Organisation besitzen müssen: ohne Rücksicht auf ihre soziale Klasse, ihre Familie, ihr Geschlecht usw. Aber was dir so offensichtlich scheint, ist eine neue, eine wahrhaft revolutionäre Idee! Eine Idee, auf die man nicht auf einen Schlag kam, sondern aufgrund von vielen aufeinander folgenden historischen Schrittchen, von denen einige durch Jahrhunderte getrennt waren. Eine Idee, bei deren radikalsten Verflechtungen wir womöglich noch nicht einmal heute angelangt sind. In diesem langen Prozess war der erste Schritt der schwierigste, der am verdienstvollsten und kühnsten war. Und der auch eine gewisse Verrücktheit bei denen verlangte, die ihn zu machen wagten. Zum Glück waren die Griechen ein bisschen verrückt und von ihrer Verrücktheit zehren wir heute noch. Zum Glück!

Es ist überhaupt nicht offensichtlich, dass die Menschen gleich sind. Eher ist das Gegenteil der Fall: Es ist offenkundig, dass die Menschen total verschieden sind! Es gibt feige und schwache, starke und mutige, starke aber feige, schwache aber mutige, schöne, hässliche, große, kleine, schnelle, langsame, kluge, dumme – ganz zu schweigen davon, dass einige Kinder sind, andere Erwachsene, andere alt, oder dass die einen Frauen und die anderen Männer sind. Über die Unterschiede der Rasse, Sprache, Kultur wollen wir hier erst gar nicht reden, um die Sachen nicht gleich am Anfang noch mehr durcheinander zu bringen. Ich wollte dich nur darauf hinweisen, dass das, was ins Auge springt, nicht die Gleichheit der Menschen, sondern ihre *Ungleichheit* ist. Besser gesagt: ihre verschiedenen Ungleichheiten in ihrer körperlichen Erscheinung oder ihrem Verhalten. Die ersten sozialen Organisationen entstanden logischerweise aus diesen so offensichtlichen Unterschieden. Diese machte man sich zum Vorteil der Gruppe zunutze – der beste Jäger sollte die Jagd leiten, der Stärkste und Mutigste die Schlacht organisieren, der Erfahrenste Ratschläge geben, wie man sich in dieser oder jener Situation verhalten sollte. Wichtig war, dass die Gruppe auf möglichst effektive Weise funktionierte. Später, als die Gruppen größer und ihre verschiedenen Aktivitäten komplizierter wurden, hingen die Ungleichheiten unter den Menschen nicht mehr nur von den Fähigkeiten der Einzelnen ab, sondern auch von ihrer Abstammung und ihren Besitztümern. Die Menschen wurden nicht nur dadurch ungleich, was sie *waren*, sondern auch dadurch, was sie *besaßen*. Und das Wichtigste: Die Ungleichheiten wurden vererblich. Die Söhne von Königen wurden auch Könige und die Kinder von Reichen wurden bereits reich geboren. Und die, deren Eltern Sklaven waren, konnten auch für sich nichts Besseres erwarten. Es blieb dabei: Einige kamen auf die Welt, um zu befehlen, und die anderen, um zu gehorchen. Die Gesetze wurden von denen erlassen, die befahlen, für die, die gehorchten. Deshalb waren sie nicht für den verpflichtend, der befahl, sondern nur für die, die gehorchen mussten. Die soziale Rangordnung wurde durch Mythen und religiöse Überzeugungen gerechtfertigt, über die die

Priester wachten (wie ich dir bereits sagte, erklärten sich die gerissensten Könige auch zu Oberpriestern, um dadurch das Verfahren zu vereinfachen und Konkurrenz zu ihrer Befehlsgewalt zu verhindern).

In den kleinen und primitiveren sozialen Gruppen bestimmte gewöhnlich die *Natur* (die die einen stark und die anderen schwach macht, die einen langsam und andere schnell) die politische Hierarchie. In den größeren Gesellschaften war es die *Theologie,* die zur Rechtfertigung der Existenz verschiedener bevorzugter Gruppen diente. Die Natur, die Götter – weder mit der einen noch mit den anderen kann man leicht diskutieren, weil sie normalerweise keine Einwände zulassen. Die Griechen unterwarfen sich anfangs natürlich auch der gleichen Art unanfechtbarer Autorität. Auch die Griechen waren sich der riesigen natürlichen oder ererbten Unterschiede bewusst, die es unter den Menschen gibt. Aber ganz allmählich kam ihnen eine etwas merkwürdige Idee: Die Einzelnen gleichen sich trotz ihrer Unterschiede, weil alle sprechen, alle darüber nachdenken können, was sie gerne möchten oder was ihnen zusagt, alle sind in der Lage, etwas zu erfinden oder von einem anderen Erfundenes abzulehnen – und sie können erklären, warum sie es erfinden oder ablehnen. Die Griechen fühlten eine Leidenschaft für den Menschen, für seine Fähigkeiten, seine positive (und negative!) Energie, seine Gerissenheit und seine Tugenden – sogar für seine Laster. Andere Völker bestaunten nur die Wunderwerke der Natur oder besangen die geheimnisvolle Größe der Götter. Die Griechen aber erfanden die *polis,* die bürgerliche Gemeinschaft, in deren künstlichem, auf den Menschen ausgerichteten Raum weder die

Notwendigkeit der Natur noch der rätselhafte Wille der Götter regierte, sondern die *Freiheit* der Menschen, das heißt ihre Fähigkeit, zu denken, zu diskutieren, Führer zu wählen und abzuberufen, sich Probleme zu schaffen und Lösungen dafür zu finden. Die Bezeichnung, unter der wir diese griechische Erfindung – politisch gesehen die revolutionärste, die es in der Geschichte der Menschheit gegeben hat – heute kennen, lautet *Demokratie.*

Die griechische Demokratie war dem Prinzip der *Gleichheit vor dem Gesetz* unterworfen, das heißt, für alle galten die gleichen Gesetze – für Arme und Reiche, hoch gestellte oder einfache Leute, Kluge oder Dumme. Das Besondere aber war, dass die Gesetze von denen ausgedacht wurden, die sich ihnen auch unterwerfen mussten. Man musste also in der Versammlung aufpassen, damit man keinen schlechten Gesetzen zustimmte, weil man ihr erstes Opfer werden konnte. Niemand in der Stadt stand über dem Gesetz und das Gesetz – das gleiche Gesetz – musste von allen beachtet werden. Aber es kam nicht von einer übergeordneten Stelle, es war kein unwiderruflicher Befehl der Götter oder der mythischen Vorfahren, sondern ihr Ursprung war die Versammlung der Bürger – die alle *Politiker* waren, das heißt Verwalter ihrer Polis –, und daher konnten sie das Gesetz ändern oder abschaffen, wenn es der Mehrheit passend schien. Die alten Athener nahmen die politische Gleichheit der Bürger so ernst und waren so davon überzeugt, dass sie nur den Gesetzen gehorchen mussten und nicht Personen, so »speziell« diese auch sein mochten (sie akzeptierten keine Spezialisten im Befehlen), dass die Vergabe der meisten Richterämter und anderer öffentlicher Ämter der Polis durch das *Los* entschieden wurde. Weil alle Bürger gleich waren, weil niemand es ablehnen konnte, seine politischen Verpflichtungen in der Gemeinschaft zu erfüllen – alle nahmen an den Entscheidungen teil und jeder konnte eine Führungsposition bekleiden –, schien den Griechen die Verlosung der politischen Ämter die beste Lösung zu sein.

Gleichheit vor dem Gesetz? Das gleiche Gesetz für alle? Politische Gleichheit? – Ich höre schon deinen Protest: Wie konnte das eine echte Gleichheit sein, wenn sie Sklaven hatten! In der Tat haben die Sklaven in Griechenland nicht am politischen Leben teilgenommen und auch nicht die Frauen (diese mussten volle 26 Jahrhunderte warten, bis gestern sozusagen, bis sie die vollen politischen Rechte erhielten – mit Ausnahme der islamischen Länder, in denen sie immer noch darauf warten). Dein Protest ist berechtigt, aber du darfst nicht vergessen, dass seit jenem alten Griechenland viele Jahrhunderte vergangen sind und viele Überzeugungen geändert wurden. Die Pioniere aus Athen haben nie behauptet, dass alle Menschen gleiche politische Rechte haben; was sie erfanden und einführten, war, dass *alle Athener Bürger gleiche politische Rechte* besaßen. Und sie wussten, dass nicht auf der ganzen Welt Athener Bürger lebten: Man musste männlich sein, ein bestimmtes Alter haben, in der Polis geboren sein, und man durfte kein Sklave sein. Aber alle, die diese Bedingungen erfüllten, waren politisch gleich. Ich versichere dir, dass die Änderung der Denkweise ziemlich revolutionär ist im Vergleich zu dem, was es damals in Persien, Ägypten, China oder in Mexiko bei den Azteken gab. Dass *alle Menschen gleich* sind – zumindest vor Gott –, kam erst später, unter dem Einfluss der Stoiker, Epikureer,

Kyniker, Christen und anderer umstürzlerischer Sekten. Trotzdem mussten noch fast zweitausend Jahre vergehen, bis die Sklaverei abgeschafft wurde, bis die Frauen wählen und für Regierungsämter gewählt werden konnten, bis eine weltweite Versammlung der Nationen eine allgemein gültige Erklärung der Menschenrechte verabschiedete. Wenn die alten Griechen nicht den ersten, den entscheidenden Schritt getan hätten, würdest du dich wahrscheinlich heute nicht über die Ungleichheiten entrüsten, die sie in ihrer Polis duldeten – und auch nicht über die, die noch immer zwischen uns bestehen, so lange danach!

Ich will die politische Organisation in Athen nicht beschönigen und auch nicht sagen, dass sie das Paradies war und hinterher die Hölle kam. Im Gegenteil: Die Demokratie entstand aus Konflikten und diente dazu, sie zu vermehren, anstatt sie zu lösen. Von Anfang an sah man, dass umso weniger Ruhe herrscht, je mehr Freiheit es gibt; dass eine Entscheidung durch viele Menschen viel komplizierter ist als durch einen Einzelnen und dass es keine Garantie gibt, dass der Erfolg größer ist. In ihrem entferntesten Ursprung muss die demokratische Methode nach griechischer Art ziemlich den Versammlungen der Helden geähnelt haben, von denen Homer in der Ilias erzählt. Nur die Tapferen wurden von der Versammlung der Besten als gleich anerkannt. Aber in dieser angesehenen Gruppe kommt die Macht nicht mehr vom Himmel oder von der Abstammung oder dem Reichtum, sondern von ihrer gemeinsamen Entscheidung. Im ägyptischen oder persischen Königreich glich das politische System einer Pyramide: Der Pharao oder der Großkönig saß an der Spitze, und darunter waren die Adligen, die Priester, die Krieger, die Großkaufleute – bis hinunter zum einfachen Volk. Die Macht strahlte von oben nach unten aus bis hinunter zu denen, die von aller Welt Befehle erhielten, ohne anderen welche geben zu können. Sie bildeten die Mehrheit des Volkes. Die politische Macht bei den Griechen glich dagegen eher einem Kreis: In der Versammlung saßen alle in gleichem Abstand von einem Zentrum, in dem sich symbolisch die Entscheidungsmacht befand. *Eis tòn méson* sagten sie, das bedeutet »in die Mitte«. Jeder konnte das Wort ergreifen und seine Meinung äußern, wobei er einen zepterähnlichen Stab in der Hand hielt, der sein Recht, zu sprechen, ohne unterbrochen zu werden, anzeigte. In den pyramidenförmig aufgebauten Königreichen besaß nur der König ein Zepter und die Entscheidungsmacht; bei den Griechen dagegen ging der Stab während der Versammlung reihum, und die Entscheidungen wurden getroffen, nachdem jeder angehört worden war, der etwas zu sagen hatte. Klar, dass dieser demokratische Kreis ziemlich ausgesucht und aristokratisch gewesen sein muss. Frag mal den Plebejer Thersites, den Odysseus mit dem Zepter schlug, anstatt es ihm zu geben, damit er das Wort ergreifen konnte! – Aber danach wurde der Kreis größer, bis er in der klassischen Epoche, ungefähr im 5. Jahrhundert vor Christus, alle Bürger umfasste. Endlich konnten die Thersites von Athen, das heißt die Handwerker, Bauern, Händler, ihre Stimme erheben und abstimmen, neben dem listigen Odysseus oder dem wilden Agamemnon.

Ich will dir nicht verheimlichen, dass die Demokratie von Anfang an ernsthafte Gegner hatte, in der Theorie und in der Praxis. Das liegt daran, dass sie auf einem Widerspruch beruht, der einem bald klar wird, wenn man darüber nachdenkt: Wir kennen mehr dumme Personen als kluge und mehr schlechte als gute; also ist es logisch, anzunehmen, dass die Entscheidung der Mehrheit mehr von der Dummheit und Schlechtigkeit beeinflusst wird als vom Gegenteil. Die Feinde der Demokratie behaupteten vom ersten Augenblick an, dass vielen zu vertrauen den Schlechteren zu vertrauen bedeutet. Die größten Philosophen von Athen, wie Sokrates und sein Schüler Platon, wiesen scharfsinnig darauf hin, dass die Leute gewöhnlich nur beschränkte Kenntnisse besitzen, die auf oberflächlichen Beobachtungen des alltäglichen Lebens und dem Hörensagen beruhen. Wenn man sie fragt, was Schönheit ist, zeigen sie auf ein hübsches Mädchen oder einen dieser athletischen Typen, wissen aber nicht, was der Begriff »Schönheit« bedeutet und auch nicht, ob die Schönheit der Seele höher steht als die des Körpers. Das Gleiche passiert, wenn man sie über den Mut, die Gerechtigkeit oder die Lust befragt. Sie wissen nicht, was das Gute ist, und jeder verwechselt es mit dem, was ihm gefällt. Wie sollen sie dann in der Lage sein, das zu bestimmen, was für Athen wirklich gut ist? Die Volksversammlungen sind ein totales Durcheinander, in dem jeder nur reden und seine Meinung durchsetzen will, ohne den anderen zuzuhören. Die meisten wichtigen Angelegenheiten der Gemeinschaft wie die Wirtschaft oder militärische Vorhaben sind für Nichtfachleute schwierig zu verstehen – wie soll dann die Meinung des Generals und des Zimmermanns den gleichen Wert haben, wenn über die Strategie zur Verteidigung gegen den Feind diskutiert wird? Außerdem ändern die Leute alle Augenblicke ihre Ansicht: Heute verabscheuen sie die Idee, die sie gestern noch erbittert verteidigt haben, und entrüsten sich über sie. Die Mehrheit kann man mit Leichtigkeit hereinlegen, jedem Wortverdreher oder politischen Hetzer hört man eher zu als einer besonnenen Person, die auf Fehler oder Probleme hinweist. Und wen man nicht täuschen kann, den kauft man sich, weil der Pöbel nur Geld und Vergnügen haben will.

Ich nehme an, dass viele dieser antidemokratischen Einwände – alle, wage ich zu sagen – dir vertraut vorkommen. Du hörst dauernd, wie sie gegen das einigermaßen demokratische System, in dem du lebst, vorgebracht werden. Glaub nur nicht, dass diese Einwände neu sind, auch wenn diejenigen, die sie vorbringen, glauben, sie hätten eine große Entdeckung gemacht. In Wirklichkeit sind sie so alt wie die Demokratie selbst. Und das zu Recht, denn die Erfindung der Demokratie ist zu revolutionär, als dass sie ohne Skandal akzeptiert werden könnte – nicht im 5. Jahrhundert vor Christus und auch nicht am Ende des 20. Jahrhunderts. Es ist »natürlich«, dass die Stärksten befehlen, die Schlausten, die Reichsten, die aus den besten Familien, die tiefer nachdenken oder mehr studiert haben, die Besten, die Heiligsten, die Großmütigen, die geniale Ideen zur Rettung der anderen haben, die Gerechten, die Reinen, die Gerissenen, die … die dir sonst noch einfallen – aber nicht alle! Dass die Macht eine Angelegenheit von allen ist, dass alle mitmachen, reden, abstimmen, auswählen, entscheiden, die Möglichkeit haben, sich zu irren, dass sie versuchen zu hintergehen oder zulassen, dass sie getäuscht werden, dass sie protestieren, sich einmischen – das alles ist keine natürliche Sache, sondern eine Erfindung, eine Unruhe stiftende Herausforderung der

Natur und der Götter – das heißt ein Kunstwerk. Die Griechen waren große Künstler und die Demokratie war ihr Meisterwerk, das riskanteste, unglaublichste und umstrittenste – die Erfindung, dass jeder in der Gemeinschaft das Recht hatte, dass niemand für ihn lebt, dass er Recht haben oder sich irren kann, dass er verantwortlich ist – wenn auch nur zu einem geringen Teil – für den Erfolg oder die Katastrophen, die ihn betreffen. Dieses System garantiert nicht mehr Erfolge als die üblichen (wenn nur einer oder ein paar befehlen) und auch keine besseren Gesetze, größere öffentliche Ehrlichkeit, nicht einmal größeren Wohlstand. Es ist nur garantiert, dass es mehr Konflikte und weniger Ruhe geben wird. Aber der Grieche diskutierte lieber mit seinesgleichen, als sich den Herren zu unterwerfen. Er machte lieber Dummheiten, die er selbst aussuchte, als von den aufgezwungenen Erfolgen eines anderen zu profitieren. Er wollte die Gesetze für seine Stadt selbst ausdenken und sie ändern können, wenn sie nicht gut funktionierten, anstatt sich unanfechtbaren Befehlen zu unterwerfen, seien sie natürlich oder göttlich. Sie waren merkwürdig und etwas eigenartig, diese Griechen – aber sehr kühn.

Die demokratische Erfindung – dieser Kreis, in dessen Mitte sich die Macht befand, diese Versammlung von Stimmen und Diskussionen – hatte als Konsequenz, dass die Bürger, die der Gleichheit vor dem Gesetz (dem gleichen Gesetz) unterworfen waren, sich gegenseitig anschauten. Die demokratischen Gesellschaften sind transparenter als die anderen, manchmal zu transparent – jeder kann jeden beobachten, wie auf einer Theaterbühne. Die absolutistischen Könige vergangener Zeiten lebten in unzugänglichen

Palästen, in die niemand ohne ihre Erlaubnis hineinkam. Sie erschienen in der Öffentlichkeit umgeben von größter Herrscherwürde, als übermenschlich, steif, und sie erweckten den Eindruck, über den Leidenschaften und körperlichen Bedürfnissen des gemeinen Volkes zu stehen. Die Untertanen verbeugten sich unterwürfig bei ihrem Herannahen, ohne den Blick zu heben. In den pyramidenartigen Gesellschaften, von denen ich erzählt habe, kannten die sozialen Gruppen die Lebensweise der Höheren nicht, und sie wagten es nicht, deren Tugenden und Laster mit dem gleichen Maß zu beurteilen wie die ihrer eigenen Klasse. Bei den Griechen dagegen hat jeder den anderen neugierig beobachtet. Die Fähigkeiten und Verdienste wurden bei niemandem als selbstverständlich vorausgesetzt, sondern sie mussten »demonstriert« – dem Volk gezeigt – werden. Die Schwächen und Laster waren ebenfalls eine Sache der Öffentlichkeit. Daher mussten die zwei ersten Schauspiele demokratischer Massen, unvorstellbar in Ägypten oder Persien, in Griechenland entstehen: der Sport und das Theater.

Der sportliche Wettkampf ist eine direkte Folge der Einführung der politischen Gleichheit. Dafür gibt es zwei Gründe: Erstens, da die alten Rechtfertigungen für die Hierarchie aufgrund des Blutadels, göttlicher Erwählung oder Besitz von Reichtümern ihre Gültigkeit verloren hatten, mussten andere Quellen der *sozialen Unterscheidung* erfunden werden. Auf diese wichtige Lektion werden wir bald zurückkommen, wenn wir über einige totalitäre Systeme der Gegenwart reden: In einer Gesellschaft können die einzelnen Personen gleich sein (politisch und rechtlich), aber niemals austauschbar; sie sind gleich, aber nicht identisch.

Jede Gruppe braucht Menschen, die das Außergewöhnliche repräsentieren, der Bewunderung würdig, Modelle, die auf vollkommenste Art das Ideal der Lebendigkeit verkörpern (erinnerst du dich an das, was wir über die Gesellschaften als Fabrik der gemeinsamen Unsterblichkeit gesagt haben?). Die Griechen bewunderten den menschlichen Körper, seine Energie und Schönheit, und die sportlichen Wettkämpfe sollten die Körper unterscheiden und den Vorrang der Besten betonen. Sie sind gleich, aber trotzdem verschieden. – Der zweite Grund ist, dass nur Gleiche miteinander konkurrieren können. Wenn man dem Pharao nicht ins Gesicht sehen konnte, dann konnte man noch viel weniger mit ihm einen Wettlauf oder Fingerhakeln veranstalten. Nero organisierte Gesangswettbewerbe mit Lyra, nur um das billige Vergnügen zu haben, alle Preise zu gewinnen. Wie hätten die Preisrichter es wagen können, sie ihm nicht zu geben! Auch mit den Göttern kann man nicht konkurrieren, weil sie normalerweise gewinnen und einen darüber hinaus noch wegen Eitelkeit bestrafen (dem armen Satyr Marsyas, der versuchte, im Flötenspiel gegen Apollo höchstpersönlich zu gewinnen, zog der Gott buchstäblich das Fell über die Ohren). Der Wettkampf erfordert die Gleichheit der Menschen, gegenseitige Anerkennung, Kameradschaft in der Rivalität. Heute predigt man viel gegen das Konkurrenzdenken als Merkmal unserer Gesellschaft. Man vergisst dabei, dass die Konkurrenz ein untrügliches Zeichen einer demokratischen Gesellschaft ist, dass die Gesellschaften ohne Konkurrenz aus unüberwindbaren Kasten bestehen, die auf der Abstammung oder der Theologie beruhen. Um mit den anderen in einen Wettstreit treten zu können, muss man vorher ihnen gleich geworden sein. Und man braucht die anderen – niemand kann allein konkurrieren. Wer um jeden Preis andere tyrannisieren oder vernichten will, ist nicht konkurrenzfähiger als die anderen, im Gegenteil: Er will so schnell wie möglich das Konkurrieren beenden.

Das Theater war die zweite bedeutende Folge der griechischen Demokratie. In anderen Kulturen hatte es religiöse Rituale und Zeremonien gegeben, die auch gewisse Formen von Symbolen einschlossen, aber in Griechenland verwandelten die Menschen zum ersten Mal die rein menschlichen Leidenschaften und Emotionen in Schauspiele – auch wenn ab und zu die Götter in die Konflikte eingriffen. Bei jeder Theatervorstellung wohnten die Griechen Komödien und Tragödien bei, das heißt den lustigen Aspekten des menschlichen Strebens und dem schrecklichen Drama ihrer Konflikte. Wie ich dir schon sagte, sie schauten sich gegenseitig an und sahen ihre Unterschiede innerhalb der politischen Gleichheit: Weil sie sich als gleich behandelten, waren sie sich der Unterschiede zwischen den Einzelnen bewusst. Manche sind wegen ihrer Großtuerei, Habsucht oder Eitelkeit lächerlich, andere sind hinterlistige und lügnerische Typen, einige denken nur daran, mit ihrem Nachbarn (oder der Nachbarin) zu bumsen und wenden dabei jede List an; es gibt betrügerische Händler, aufsässige Kinder, autoritäre Eltern usw. Glaub nur nicht, dass die Athener von damals eine hohe Meinung voneinander hatten – sie schauten sich genau an, sie sahen die Fehler oder überzeichneten sie; sie lachten über sich. Wie Kollegen. In der Tragödie stellten sie jene Personen dar, die von einer so absoluten Leidenschaft besessen waren, dass sie alles andere vergaßen – und alle anderen. Personen, die Recht haben, aber nur teilweise (es gibt in der Demokratie immer andere Rechte, die der anderen), auch wenn jene meinen, sie ganz zu besitzen. Der Chor in der Tragödie – der das Volk darstellt, die Stimme der anderen – bemüht sich darum, dass der tragische Held sich mäßigt, dass er Empfehlungen anhört, dass er mit anderen zusammenarbeitet und nachgibt, dass er sich nicht bis zum Schluss von seiner Leidenschaft mitreißen lässt. Wenn ihm das nicht gelingt, endet die Tragödie in einer Katastrophe (aber nicht alle Tragödien enden »böse«, denk an die Orestie), weil er seine Leidenschaft weit über das Menschliche hinaus auslebt, so als ob er nicht den anderen gleich wäre und daher andere Wünsche und Meinungen – außer seine eigenen – nicht berücksichtigen müsste. Über den Nächsten zu lachen und vor den Exzessen, zu denen wir fähig sind, zu zittern, heißt, über sich selbst zu lachen und vor sich selbst zu zittern. Das Theater entstand als Instrument der demokratischen Reflexion über den Einzelnen, der jenseits der Götter und der Natur fähig sein muss, *sich selbst zu regieren.* Das lässt uns Zeit, Luft zu holen – wahrscheinlich willst du das schon lange – und zum nächsten Kapitel weiterzugehen.

Lies noch was

»Und wenn er wieder einen Mann des Volkes sah und schreiend antraf,
Den schlug er mit dem Stab und fuhr ihn an mit der Rede:

›Mann des Unglücks! setz dich still hin und höre die Rede anderer,
Die besser sind als du! Denn du bist unkriegerisch und kraftlos,
Weder zählst du jemals im Kampf noch in der Beratung!
Können wir doch nicht alle hier Könige sein, wir Achaier!
Nichts Gutes ist Vielherrschaft: einer soll Herr sein,
Einer König, dem der Sohn des krumm gesonnenen Kronos
Stab und Satzungen gab, dass er König sei unter ihnen.‹«

Homer, *Ilias*

»Ungeheuer ist viel und nichts
Ungeheurer als der Mensch.
(…)
Und die Sprache
Und luftgewirkte Gedanken
Lehrte er sich
Und den Trieb zum Staat.
(…)
Mit der Erfindung Kunst
Reich über Hoffen begabt,
Treibt's zum Bösen ihn bald
Und bald zum Guten.
Ehrend des Landes Gesetz
Und der Götter beschwornes Recht, ist er groß im Volk.
Nichts im Volk,
Wer sich dem Unrecht gab
Vermessenen Sinns.«

Sophokles, *Antigone*

»Die Polis unterschied sich von dem Haushaltsbereich darin, dass es in ihr nur Gleiche gab, während die Haushaltsordnung auf Ungleichheit geradezu beruhte. (...) Diese Gleichheit innerhalb der Polis hat sicher sehr wenig mit unserer Vorstellung von Egalität gemein; sie bedeutete, dass man es nur mit seinesgleichen zu tun hatte, und setzte so die Existenz von ›Ungleichen‹ als selbstverständlich voraus, wie denn ja auch diese ›Ungleichen‹ stets die Mehrheit der Bevölkerung in den Stadt-Staaten gebildet haben. Gleichheit, die in der Neuzeit immer eine Forderung der Gerechtigkeit war, bildete in der Antike umgekehrt das eigentliche Wesen der Freiheit: Frei sein hieß, frei zu sein von der allen Herrschaftsverhältnissen innewohnenden Ungleichheit, sich in einem Raum zu bewegen, in dem es weder Herrschen noch Beherrschtwerden gab.«

Hannah Arendt, *Vita Activa oder Vom tätigen Leben*

»Die griechische Idee der ›Freiheit‹ galt eben nur innerhalb der Gemeinschaft selbst: Freiheit für die Glieder der eigenen Polis hieß nicht gleichzeitig rechtliche (das heißt Bürger-) Freiheit für alle innerhalb dieser residierenden Fremden noch auch politische Freiheit für die Glieder anderer Gemeinden, über die man Macht ausüben konnte.«

Moses I. Finley, *Antike und moderne Demokratie*

Kapitel 5

Alle für einen und einer für alle

Nach dieser schon weit zurückliegenden Erfindung der Griechen entwickelten sich in Europa die politischen Formen weiter und wandelten sich. Die Römer schufen ein *Rechtssystem,* was zweifellos die wichtigste Änderung in der menschlichen Gemeinschaft seit dem demokratischen Gleichheitsfunken in Griechenland war. Es enthielt für alle gültige, genaue und öffentlich verbreitete Spielregeln, die haarklein (manchmal zu genau) die Interessen der Einzelnen regeln sollten, ihre Konflikte, was sie von der Gemeinschaft erwarten durften und was diese von ihnen erwarten konnte. Die imperialistische Neigung der Römer hatte noch eine weitere bedeutende Auswirkung: Durch die Eroberung der verschiedenen Völker und ihre Unterwerfung unter das gleiche Gesetz wurde klar, dass die Einzelnen politisch gleich sein konnten (und daher auch menschlich gleich), über die Grenzen hinaus, die sie trennten, auch wenn sie zu verschiedenen Rassen gehörten. Ein weiterer Widerspruch, der im Laufe der Geschichte unsere widersprüchliche Form des Zusammenlebens gebildet hat, ist folgender: Die Griechen waren auf sehr direkte Weise demokratisch und gleich, aber nur unter sich, innerhalb ihrer Polis, das heißt, sie waren frei und gleich, weil sie Athener oder Spartaner waren. Die

Römer dagegen, Imperialisten und Plünderer, trugen mit der Ausweitung ihrer Eroberungen dazu bei, dass die politischen Rechte universal wurden und jeder Einzelne im Reich (in der damals bekannten Welt also) von ihnen profitieren konnte. Jeder konnte römischer Bürger sein, also musste man bei allen Menschen etwas Gemeinsames erkennen, egal wo sie geboren waren. Die Philosophie der Stoiker und später die christliche Religion zogen wichtige Schlussfolgerungen für die Humanisierung aus der römischen Großmachtpolitik.

Ich will dir hier nicht (unter anderem, weil ich es wahrscheinlich auch gar nicht könnte) die ganze historische Entwicklung der politischen Formen wiedergeben – den Feudalismus, die absoluten Monarchien, den Ursprung des Parlamentes, die Revolutionen. Meiner Meinung nach lief dieser ganze lange Prozess, voll von bewegenden und grausamen Ereignissen, von Ruhmestaten der Intelligenz und brutalen Missetaten, immer mehr auf die Herausbildung der beiden großen Hauptfiguren des modernen politischen Turniers hinaus – den *Einzelnen* und den *Staat.* Ich rede in der Einzahl, obwohl man natürlich nicht von *dem* Einzelnen reden kann, da es immer *die* Einzelnen sind, und es gibt nicht *den* Staat, sondern viele Staaten. Und glaub auch nicht, dass diese beiden Hauptfiguren sich frontal und ausschließlich gegenüberstanden – sie sind eher wie ein Liebespaar, das sich eng umarmt (so sehr, dass man oft nicht weiß, wem dieses Bein oder dieser Arm gehört) und sich liebt, manchmal mit lustvoller Zustimmung und manchmal mit schmerzhafter Gewalt. Das heißt, dass jeder Einzelne viel vom Staat in sich trägt (seine politische Persönlichkeit wäre nicht einmal vorstellbar, wenn es nicht den Staat gegeben hätte; nur ihm gegenüber existiert sie ja). Und der Staat ist auch kein übermenschliches Wesen, das vom Himmel gefallen ist (oder der Hölle entsprungen), sondern er wird aus Einzelpersonen gebildet und besitzt keine andere Macht als die, die er durch viele Einzelentscheidungen erhalten hat. Trotzdem reden gewöhnlich beide Seiten von der anderen als ihrem schlimmsten Feind und schreiben ihr alle Übel der Gesellschaft zu: Der Einzelne beklagt sich über die Unterdrückung und die Willkür des Staates, während der Staat alle politischen Katastrophen auf den Ungehorsam und Egoismus der Einzelnen zurückführt.

Was bedeuten also diese beiden sich gegenüberstehenden Personen, die anscheinend unbeugsame Feinde, in Wirklichkeit jedoch geheime Komplizen sind? In erster Linie sind sie das Ergebnis der Entwicklung der menschlichen Gemeinschaften. Die ersten sozialen Gruppierungen hatten, wie ich dir bereits erzählt habe, sehr natürliche Lebensgrundlagen: Ihr Modell war das der familiären Beziehungen zwischen Eltern und Kindern. Die Führungsposition erhielt der Stärkste, sie wurde gewöhnlich von Generation zu Generation weitergegeben. Außerdem war die Gruppe – der Klan, der Stamm, das Volk, wie immer man es nennen will – das Einzige, was wirklich von Bedeutung war, und die einzelnen Mitglieder hatten kein eigenes Gewicht, sondern waren in die Gesamtheit eingebunden – wenn die Verbindung zu ihr unterbrochen war, waren sie verloren. Später tauchten Gesellschaften auf, in denen ein Einzelner oder einige wenige enorme Bedeutung erlangten, sei es als fast göttliche Könige oder als Priester, die den unanfechtbaren Willen der

Götter deuteten. Also identifizierte sich die Gruppe unterwürfig mit diesen, anstatt dass sich diese durch ihre Zugehörigkeit zur Gruppe identifizierten. Und danach machten die Griechen die Erfindung, über die wir im vorigen Kapitel gesprochen haben. Alle diese Schritte, die ich hier mit einer Vereinfachung wie im Comic skizziere, weisen in die gleiche Richtung: immer weniger Natur und immer mehr Künstlichkeit. Die Gesellschaften beruhten immer weniger auf dem grundlegenden Diktat des Schicksals, den körperlichen Notwendigkeiten, den Blutsbanden oder den unerforschlichen Absichten der Gottheit (über die man nicht diskutieren kann und über die die Menschen keine Kontrolle haben, genauso wenig wie über die Naturgesetze). Stattdessen werden sie immer bewusster, hängen mehr davon ab, was die Menschen wollen und miteinander vereinbaren, sie messen den symbolischen Aktivitäten der Einzelnen mehr Bedeutung bei (dem Handel, dem Ansehen, der Originalität) als dem Umgang mit der Natur, und sie beugen sich der rationalen Rechtfertigung (die jeder verstehen und diskutieren kann). Von der halb natürlichen menschlichen Gemeinschaft – sie war nie völlig natürlich, wie die Bienenstöcke oder Ameisenhügel! – gelangen wir zur Gesellschaft als Kunstwerk, als freche Erfindung des menschlichen Willens und Verstandes.

Die alten sozialen Strukturen begrenzten die Initiative der Einzelnen ziemlich, aber dafür war immer klar: *Wir alle sind einer.* Die Modernisierung dagegen gesteht immer mehr dem Bedeutung zu, was jeder Einzelne denkt, meint und beansprucht. Dadurch schwächt sie aber die Einheit. Jeder ist weiterhin ein Einzelner innerhalb des Ganzen. Früher wurde die soziale Hierarchie von der Natur diktiert oder von den Göttern, in jedem Fall widerstand sie radikalen Umwandlungen (obwohl sie diese natürlich erfuhr!). Später – heute – werden die Institutionen als menschliche Erfindungen angesehen. Was die Menschen geschaffen haben, können sie natürlich auch wieder ändern, weshalb die Versuchung zur Veränderung immer da ist. Früher lautete die Frage: »Warum etwas irgendwann ändern?« Heute lautet sie eher: »Warum nicht in jedem Augenblick alles ändern?« Und daher verstärkt sich der Gegensatz zwischen Individuum und Staat. Der Einzelne (das heißt jedes konkrete, einzigartige, einmalige, von seinen Nachbarn verschiedene menschliche Wesen) mit seinem Willen, seiner Hilfe, seinen Entscheidungen ist letztlich das Fundament der Legitimität des Staates. Und der Staat stützt und rechtfertigt sich zweifellos, indem er sich auf die Abmachungen zwischen den Einzelnen beruft. Er versucht, sich aber gleichzeitig vor ihren Launen zu schützen, und will seine Form gegen die ständige Widerrufung des einmal Bestehenden bewahren. Immer dieser Gegensatz zwischen den Gründen für das Gehorchen und das Rebellieren, zwischen den Gründen für das Bewahren und für die revolutionäre Umwandlung – erinnerst du dich daran, dass wir vor ziemlich vielen Seiten genau damit angefangen haben?

Ich bin dir ein Geständnis schuldig: Ich vereinfache und übertreibe ungeheuer. Aber ich halte dich für clever genug, zu sehen, worauf ich hinauswill, und für kritisch genug, dass du nicht alles wörtlich nimmst. Auch wenn ich von »früher« und »heute« rede, ist es klar, dass nicht alle Gesellschaften diesem Weg gleichzeitig und im gleichen Tempo gefolgt sind. Und dass dieser Weg nie geradlinig ist, sondern dass er gelegentlich zurückführt und Schleifen macht, anstatt geradeaus zu gehen. Offensichtlich ist das Spiel zwischen dem Einzelnen und dem Staat immer nahe dran, zugunsten eines der beiden Pole aus dem Gleichgewicht zu geraten. Beides ist gefährlich: Wenn der Einzelne ein zu großes Übergewicht hat, kann die Harmonie der sozialen Gemeinschaft auseinander brechen. Niemand kümmert sich darum, das allen Gemeinsame zu schützen, die Bessergestellten nutzen die Schwächsten aus und erkennen keine Pflicht zur Solidarität mit ihnen an. Jeder fühlt sich allein, von der Grausamkeit und Habsucht der anderen bedrängt, ohne eine gemeinsame Instanz, vor der er sich beschweren und von der er Schutz erhalten kann. Wenn sich aber der Staat übermäßig aufbläht, dann verlieren die Einzelnen ihre Eigeninitiative und die Fähigkeit, sich für ihr eigenes Leben verantwortlich zu fühlen. Dann werden die Unterschiede im Handeln und Denken nicht geduldet, dann kommt sich jeder wie ein bloßes Molekül vor, das nur innerhalb des Großen Allgemeinen Ganzen Bedeutung besitzt. Dann beginnt die staatliche Bürokratie, bis ins Kleinste über die Arbeit, den Handel, die Gesundheit, die Kunst, den Sex, die Überzeugungen, die Vergnügen zu entscheiden – und es gibt immer eine Autorität, die besser als jeder selbst weiß, was für ihn gut ist. Natürlich können diese Auswüchse auf der einen oder anderen Seite unheilvoll sein: Um den einen zu entkommen, gibt es manchmal einen plötzlichen Umschwung und man verfällt in das entgegengesetzte Übel. Ich würde jetzt wahrscheinlich gut dastehen, wenn ich dir sagen würde, das Beste sei, ein perfektes Gleichgewicht zwischen dem Einzelnen und dem Staat zu suchen, indem man jedem das Seine gibt und keine Missbräuche zulässt – und alle sind zufrieden, amen. Aber ich habe dir bereits zu Anfang gesagt, dass ich nicht daran denke, neutral zu sein, also werde ich mich engagieren und Partei ergreifen. Zugunsten des ... zugunsten des Einzelnen natürlich. Sag bloß, du wusstest das nicht!

Ich gehe von folgendem Standpunkt aus: Der Staat ist für die Einzelnen da, und nicht die Einzelnen für den Staat. Die Einzelnen besitzen meiner Meinung nach besondere Werte, die muss der Staat zu bewahren helfen. Er kann sie aber nicht durch seine Vorschriften ersetzen. Vor allem behaupte ich, dass der Einzelne (die moralische und politische Person, der schöpferische Mensch, die gewöhnlichen Frauen und Männer, von den niedrigsten bis zu den höchstgestellten) die echte menschliche Realität darstellt, von der der Staat und die anderen Institutionen abgeleitet sind – nicht umgekehrt. Diese Einstellung (du kannst dir vorstellen, dass ich sie mir nicht ganz alleine ausgedacht habe, aber ich werde mich für sie einsetzen, als ob es so wäre) hat eine Bezeichnung, die für viele fast eine Beleidigung darstellt: *Individualismus.* Ah, wie tief bin ich gesunken: In dem Buch über die Ethik habe ich ein wohl begründetes Loblied auf den Egoismus gesungen, und jetzt, wo es um die Politik geht, empfehle ich dir den Individualismus! Um Missverständnisse zu beseitigen, möchte ich klarstellen, dass ich unter »Individualismus« keine »antisoziale« und auch keine »antipolitische« Einstellung verstehe. Ich meine, dass der Individualismus eine Form von Teilnahme an der Gesellschaft und der Zusammenarbeit mit ihr ist – nicht die Vorstellung, dass man außerhalb steht. Der Individualismus ist außerdem eine Art von Einmischung in die Politik – nicht der Unsinn, sich überhaupt nicht für sie zu interessieren. Und weiter: Es ist die Entwicklung der Gesellschaft, die die individualistische Einstellung ermöglicht und gestärkt hat. – Dass mit dem Individualismus Missbrauch getrieben wurde und noch wird? – Das stimmt. Aber es wurden auch einige der unmenschlichsten sozialen Praktiken, wie die Sklaverei, die Folter und die Todesstrafe (die immer von den Anhängern der Vorherrschaft des Kollektivs über die zahllosen Einzelnen befürwortet wurden) dort in Frage gestellt und abgeschafft, wo die Individualisten es geschafft hatten, das letzte Wort zu behalten.

Für die Einzelnen gibt es zwei Arten, Teil der sozialen Gruppen zu sein. Gewöhnlich sind sie getrennt, aber manchmal auch miteinander verbunden: Wir können einer Gruppe *angehören* und wir können uns an ihr *beteiligen.* Die Zugehörigkeit zur Gruppe ist durch eine (fast) bedingungslose Hingabe an die Gemeinschaft gekennzeichnet. Man identifiziert sich mit ihren Werten, ohne sie in Frage zu stellen, und akzeptiert, dass die Gemeinschaft sich durch diese enge Verbindung definiert – mit einem Wort, man bildet einen festen Teil dieses Ganzen, in guten wie in schlechten Zeiten. Wir »gehören« gewöhnlich fast alle zu unseren Familien und fühlen uns als Pflichtteil von ihnen, ohne ein übermäßig kritisches Urteil, weil die Gesetze der Verwandtschaft und die Gefühle der Nähe es uns auferlegen. Aber genauso »gehören« wir manchmal zum Beispiel auch zu einem Fußballverein, und es kommt nicht darauf an, wo die Mannschaft in der Tabelle steht – es ist »unsere« Mannschaft und damit basta. Wir sind bereit, sogar den ungerechtesten

Elfmeter zu rechtfertigen, der ihr einen Vorteil verschaffen kann.

Die Beteiligung dagegen ist viel bewusster und freiwillig: Der Einzelne beteiligt sich an einer Gruppe, weil er es will, und so lange er es will, er fühlt sich nicht zur bedingungslosen Treue verpflichtet und bewahrt genügend kritischen Abstand, um zu entscheiden, ob er weiter in dieser Gemeinschaft bleiben will oder nicht. So »beteiligen« wir uns an einem Briefmarkenklub, solange uns die Philatelie interessiert. Oder wir besuchen eine bestimmte Sprachschule, um Englisch zu lernen, solange wir nicht denken, dass sie schlecht unterrichtet und es bessere Schulen gibt. Bei der Zugehörigkeit zu einer Gruppe zählt, Teil der Gruppe zu sein, sich geborgen zu fühlen und sich mit ihr zu identifizieren. Bei der Beteiligung sind die Ziele, die wir durch den Eintritt in die Gruppe erreichen wollen, das Wichtigste. Erreichen wir sie nicht, verlassen wir die Gruppe.

Jeder von uns hat das Bedürfnis, sich zu etwas zugehörig zu fühlen, bedingungsloser Anhänger von etwas zu sein, sei es eine sehr wichtige Institution oder etwas Normales. Es gibt uns Sicherheit, stabilisiert uns, gibt uns selbst einen Rahmen, es bietet uns einen festen Bezug, auf den wir vertrauen können; auch wenn uns eine solche Zugehörigkeit oft leiden lässt oder Opfer auferlegt. Es ist wichtig, sich hin und wieder zu Hause zu fühlen, zu wissen, dass man von Personen umgeben ist, mit denen man Gefühle und Erlebnisse teilt, die niemand in Frage stellt. Wenn das, wozu wir gehören, zusammenbricht, erleiden wir einen Tiefschlag, von dem wir uns nicht so leicht erholen. Daher sind Familienstreitigkeiten oder Liebesenttäuschungen so besonders grausam. Aber für den Einzelnen ist es auch wichtig, das Gefühl zu haben, sich freiwillig und kritisch an verschiedenen Gemeinschaften zu beteiligen: Auf diese Weise bewahrt er seine eigene Persönlichkeit und lässt nicht zu, dass die Gruppe sie ihm aufzwingt. Er wählt seine Ziele aus, er fühlt sich fähig, sich zu ändern und sich gegen das Schicksal aufzulehnen, er versteht, dass es manchmal besser ist, die anderen zu »verraten«, als blind den anderen zu folgen und so sich selbst zu »verraten«. Wenn wir Kinder oder noch sehr jung sind (aber auch, wenn das Alter uns schwächt und resignieren lässt), gehören wir lieber einfach zu einer Gruppe, als uns kritisch an ihr zu beteiligen. Die Reife besteht aber darin, viele unserer bedingungslosen Zugehörigkeiten gegen kontrollierte und sogar skeptische Beteiligungen einzutauschen. Obwohl es unumgänglich ist, dass wir bestimmten Gruppen angehören und uns auch in gewisser Hinsicht beteiligen, muss man zugeben, dass beide Arten, sich in Gruppen zu integrieren, ihre Probleme haben. Der Missbrauch der Zugehörigkeit mündet in den Fanatismus und den Ausschluss. Der Missbrauch der falsch verstandenen Beteiligung führt zu Desinteresse und unsolidarischem Verhalten. Ich will dieses Kapitel damit beenden, dass ich dich auf meine Art auf diese Gefahren aufmerksam mache.

Das Übel an der bedingungslosen Zugehörigkeit zu einer Gemeinschaft besteht darin, dass der Drang, sich mit den anderen vereint zu fühlen, die politischen Bande, die uns mit den anderen verbinden – die immer vereinbart sind und daher widerrufen werden können –, als »natürlich« erscheinen lässt. Das heißt: Es ist natürlich (es leitet sich von unserer Eigenschaft als sprechende und denkende Wesen ab), dass wir Menschen in Gesellschaft leben; aber die konkrete Gestalt dieser Gesellschaft – ihre Gesetze, ihre Grenzen – ist niemals natürlich. Sie ist immer ein Kunstwerk und eine Vereinbarung der Menschen. Die primitivsten Menschengruppen geben sich selbst gewöhnlich Bezeichnungen wie »die Menschen« oder »die Leute«. Damit geben sie zu verstehen, dass die Mitglieder des Stammes die einzigen wahren Menschen sind und dass daher ihre Gemeinschaft kein Ergebnis von Zufällen oder von durch die Umstände aufgezwungenen Vereinbarungen ist, sondern eine direkte Folge der unveränderlichen Ordnung des Universums. Unter den »wahren« Menschen gibt es keine vom Zufall abhängigen Formen und Moden mehr, die man verbessern oder aufgeben kann, sondern alles ist ein für alle Mal so, wie es sein soll. Diese Denkweise ist nicht so weit von der entfernt, die wir bei den historisch entwickeltsten Gruppen finden können. Auch die modernen Länder (trotz ihres Fortschritts, der Revolutionen, wissenschaftlichen Entdeckungen) glauben gewöhnlich, dass ihre Grenzen, ihre Lebensart, ihre Vorurteile und Institutionen fast »heilig« sind – Ausdruck der höchsten Vollendung des menschlichen Wesens (oder zumindest des Wesens der »Unsrigen«, die Teil der Gruppe sind, der menschlichsten der Menschen). Zu akzeptieren, dass es viele Arten gibt, Mensch zu sein – und dass alle in gleicher Weise »menschlich« sind –, ist offenbar schwierig. Was nicht heißen soll, dass es keine Gründe gibt, einige Formen des Gemeinschaftslebens anderen vorzuziehen: Ich jedenfalls gehöre zu denen, die die Vorliebe für rohen Schinken ganz entschieden für besser halten als die für Menschenfleisch. Aber meine Wahl basiert nicht darauf, was die Gesellschaften gegenwärtig sind, noch viel weniger darauf, was sie waren (in der Vergangenheit hatten die Kannibalen die überwältigende Mehrheit!), sondern auf einer bestimmten, durch die Vernunft gerechtfertigten Idee: Wie sollte die bestmögliche, die allerbeste Gesellschaft aussehen?

Das Übel an der fanatischen Zugehörigkeit zu einer Gemeinschaft, nur weil sie »die unsere« ist, weil »wir hier so sind«, besteht darin, dass man vergisst, wie die Menschen jeder Gruppe ihre Form des Gemeinschaftslebens gefunden haben. In jedem Fall haben sie versucht, bestimmte konkrete Probleme zu lösen, sich nicht um jeden Preis von den Nachbarn zu unterscheiden und auch keine eigene »Identität« auszudrücken. Manchmal sind bestimmte Lösungen schlechter als andere, und es ist ratsam, sie zu ändern, wenn man die besseren kennt. Die Gruppen haben sich gegenseitig beeinflusst und erzogen, keine hat die »Reinheit« ihres Wesens ohne gegenseitige »Ansteckung« durch die Gruppen in ihrer Umgebung entwickelt. Die römischen Zahlen zum Beispiel waren ein äußerst charakteristisches Merkmal der lateinischen kulturellen Identität, aber zweifellos sind die arabischen Ziffern viel leistungsfähiger und praktischer. Es wäre daher Blödsinn gewesen, die römischen beizubehalten, weil sie »unsere« sind, anstatt die anderen zu übernehmen – heute sind sie sicher so sehr »unsere«, als wären sie die ersten gewesen, und mit offensichtlich besseren Ergebnissen! Das Gleiche könnten wir von anderen Dingen sagen, nicht nur von technischen Errungenschaften und wissenschaftlichen Entdeckungen, sondern auch von Sitten und politischen Institutionen – von der von den Griechen erfundenen Demokratie, der Ablehnung des Kannibalismus, der Abschaffung der Sklaverei, Folter oder Todesstrafe, vom Stimmrecht der Frauen und ihrer Gleichstellung im Arbeitsleben. Man kann auf viele Arten menschlich sein (auf natürliche Weise menschlich), aber das Menschlichste von allem ist, die Vernunft zu entwickeln, neue und bessere Lösungen für alte Probleme zu finden, die von den Nachbarn gefundenen wirksamsten praktischen Antworten zu übernehmen, nicht starrsinnig an dem festzuhalten, »was immer so gewesen ist« oder was unsere Gruppe bis gestern als »perfekt und natürlich« angesehen hat. Das Besondere an der Sache besteht nicht darin, dass wir stur auf dem beharren, was wir sind, sondern darin, dass wir uns dank unserer eigenen Anstrengungen und der der anderen verbessern können.

Letztendlich ist nicht unsere Zugehörigkeit zu irgendeiner Nation, Kultur, Gesellschaft oder Weltanschauung von Bedeutung (weil das alles, so einflussreich es in unserem Leben auch sein mag, nur eine Ansammlung von Zufällen ist), sondern unsere Zugehörigkeit zur Gattung Mensch, die wir notwendigerweise mit den Menschen aller Nationen, Kulturen und sozialen Schichten gemeinsam haben. Daher stammt auch die Idee der *Menschenrechte,* einer Reihe von allgemein gültigen Regeln für den Umgang der Menschen untereinander, egal wie unsere zufällige historische Situation auch sein mag. Mit den Menschenrechten setzen wir auf das, was wir grundsätzlich gemeinsam haben, so viel uns auch zufällig trennen mag. Die Verteidigung der universalen Menschenrechte setzt das Zugeständnis gleicher Rechte für uns Menschen voraus, trotz der Unterschiede zwischen den Gruppen, denen wir angehören. Bei der Verteidigung der Menschenrechte geht man davon aus, dass es wichtiger ist,

Mensch zu sein, als zu dieser oder jener Rasse, Nation oder Kultur zu gehören. Von daher können nur die einzelnen Menschen Gegenstand solcher Rechte sein. Soweit man diese Rechte für besondere Gruppen oder irgendetwas Abstraktes in Anspruch nimmt (»Völker«, »Klassen«, »Religionen«, »Sprachen«, ganz zu schweigen von den »Noch-nicht-Geborenen«, »den Meeren«, »den Bergen« oder verschiedenen Tierarten), dann verändert man ihren Sinn, auch wenn es mit der besten Absicht geschieht. Ich will dir ein paar Beispiele nennen: Eine Person hat das Menschenrecht, ihre Sprache zu gebrauchen, aber eine Sprache hat nicht das Recht, sich Sprecher zu suchen, die sie verewigen; wir Menschen besitzen das Recht, unser Trinkwasser unvergiftet zu bewahren, aber das Wasser hat nicht das Recht zu verlangen, nicht vergiftet zu werden.

Es gibt besonders verhasste Fanatismen der Zugehörigkeit, weil sie Hierarchien unter den Menschen errichten oder die Menschen in abgeschotteten Abteilungen leben lassen wollen – durch Drahtverhau voneinander getrennt, so als ob wir nicht zur gleichen Gattung gehörten. Der *Rassismus* ist zweifellos die schlimmste dieser kollektiven Gräuel. Er legt fest, dass die Hautfarbe, die Form der Nase oder irgendein anderes launenhaftes Merkmal bestimmen, dass eine Person diese oder jene charakterlichen, moralischen oder intellektuellen Merkmale besitzen *muss.* Vom wissenschaftlichen Standpunkt aus sind alle diese Rassenlehren reine willkürliche Phantasien. Während hunderttausenden von Jahren kannte die menschliche Gattung keine bedeutsame rassische Vielfalt. Die Anthropologen nehmen an, dass vor etwa 60 000 Jahren die ersten genetischen Unterscheidungen erfolgt sein müssen (aus Gründen der klimatischen oder geographischen Anpassung), dass aber wahrscheinlich noch vor 10 000 Jahren die heutigen Schwarzen und Weißen die gleichen dunkelhäutigen Vorfahren besaßen. Außerdem unterteilen die Rassisten die Menschen zum Beispiel nach der Hautfarbe, lassen aber andere Merkmale, die genetisch viel wichtiger sind und sich unterschiedlich verteilen, außer Acht – zum Beispiel die Blutgruppen (A, B oder 0). Zur Blutgruppe B gehören achtzig Prozent der (weißen) Schotten, die (schwarzen) Bewohner von Zentralafrika und die (dunkelhäutigen) Ureinwohner von Australien. Die Gruppe A ist unter Afrikanern, Indern und Chinesen gleich verteilt. Warum kann man dann nicht sagen, dass die Schotten und die Zentralafrikaner zur gleichen Rasse gehören? Oder dass es eine Rasse gibt, die aus Afrikanern, Indern und Chinesen besteht? Hat die Hautfarbe deshalb größere Bedeutung als die Blutgruppe, weil man sie auf den ersten Blick sieht? Wenn man eine Bluttransfusion erhält, ist es gewöhnlich klüger, die Blutgruppe des Spenders zu überprüfen als seine Hautfarbe, die Form seiner Augen oder der Nase. Natürlich hat nichts hiervon mit der moralischen Eignung der Menschen zu tun oder mit ihrem Recht, als Bürger gleich behandelt zu werden. Die verschiedenen Bildungsniveaus und die kulturellen Traditionen beeinflussen zweifellos die Wesensart der Personen, aber nicht ihre Rasse. Das Verhängnisvollste am Rassismus ist, dass er keine Aussöhnung mit dem »anderen« erlaubt. Man kann eine bessere Bildung erlangen, seine Gewohnheiten, Ideen und seine Religion ändern – aber niemand kann sein genetisches Erbe ändern. Daher können die ideologischen oder religiösen Kämpfe irgendwann einmal beendet werden, während es für den Rassenhass keine mögliche Versöhnung gibt. Ist irgendeine Art von Menschen minderwertiger als die andere? Rassisch gesehen nein; aber ethisch und politisch gesehen ist der minderwertiger, der an die Existenz minderwertiger Menschenrassen glaubt.

Meistens sind die Leute nicht rassistisch, sondern *fremdenfeindlich:* Sie hassen die Ausländer, die, die anders sind, die eine andere Sprache sprechen oder sich anders verhalten. Sie hassen sie, weil sie sich ihnen gegenüber unwohl fühlen. Weil sie sich ihrer eigenen Vernunft nicht besonders sicher sind, wollen die Fanatiker, dass alle in ihrer Umgebung so denken und leben wie sie. Dadurch würden sie sich auch noch bestätigt fühlen. Außerdem ist die rassische oder kulturelle Ablehnung der Fremden ein gutes Alibi, um die schlechte Behandlung und die Ausgrenzung zu rechtfertigen. Die Ausländer, die uns belästigen, die wir für minderwertig, gefährlich halten, sind auch die ärmsten; die Touristen dagegen, die mit einem Haufen Geld in der Brieftasche ankommen, werden ohne Rassismus oder Fremdenhass akzeptiert, ja sogar mit einer gewissen neidischen Bewunderung betrachtet. Die Fremdenhasser sagen immer, sie hätten nichts gegen die »anderen«, »man müsste aber zugeben«, dass diese bestimmte Fehler haben, »objektiv« betrachtet. Und so erfinden sie die üblichen Verleumdungen (oder Loblieder auf die angeblich auf alle zutreffenden »guten Seiten«) über die Menschengruppen: Die Juden sind »Wucherer«, aber »sehr schlau«, die Neger sind »faul«, die Nordamerikaner sind »kindisch«, die Araber »heimtückisch« usw. Im Grunde genommen verwandelt dieses verschwommene Gerede nur Charaktermerkmale oder Laster, die man einzelnen Personen irgendeiner Menschengruppe zuschreibt, in Merkmale einer Gruppe – so als ob wir keine eigene Persönlichkeit besäßen, sondern sie von der Gruppe erhielten, der wir angehören. Außerdem ändern sich solche Charakterisierungen (herabsetzende oder lobende, die beide gleich falsch sind) von Zeit zu Zeit – da sie nichts weiter sind als unüberlegte Verallgemeinerungen der Lebensform einer Gesellschaft in einem bestimmten historischen Augenblick. Zum Beispiel besaßen gegen Ende des 17. Jahrhunderts die Engländer, die ihren König enthauptet und das Parlament gestärkt hatten, den Ruf, aufrührerisch und aufsässig zu sein, während die Franzosen – unter der absolutistischen Herrschaft des Sonnenkönigs – als das ergebenste und ordentlichste Volk in Europa galten. Hundert Jahre später, nach den Lehren der Enzyklopädisten und der Französischen Revolution, hatten die angeblichen »nationalen Charaktere« der beiden Länder ihre Rollen vertauscht.

Die Fremdenfeindlichen sind in ihren Ausdrücken vorsichtiger als der reine und harte Rassismus etwa der Nazis. Sie predigen weder die Ausrottung der Fremden noch ihre innere Minderwertigkeit: »Wir wollen nur, dass sie nach Hause zurückkehren; wir hier sind eben anders.« Man setzt so voraus, dass die Länder eine einheitliche, ewige Seinsform besitzen, die vor jedem fremden Kontakt bewahrt werden muss. Die Wirklichkeit ist jedoch ganz anders: Alle Länder sind aus der Vermischung und den Anpassungen verschiedener Gruppen hervorgegangen. An den Orten und in den Zeiten der größten Vermischung von Völkern und Kulturen gab es die schöpferischsten Augenblicke der menschlichen Zivilisation – im Ionien des 6. Jahrhunderts vor Christus, in Toledo unter Alfons X., wo Juden, Mauren und Christen zusammenlebten, in Nordamerika zum Ende des 19. und zu Anfang des 20. Jahrhunderts, als Einwanderer aus allen Teilen der Welt dorthin strömten, in Wien um 1900. Die »reinen« Gruppen, Rassen oder Nationen haben nur Langeweile hervorgebracht – oder Verbrechen.

Die verbreitetste, aber nicht weniger gefährliche Form dieser Perversionen, immer zu den »Unsrigen« gehören zu wollen, ist der *Nationalismus.* In seinem Ursprung war er eine stützende Ideologie der modernen Staaten, die es den Bürgern ermöglichte – die nicht mehr bereit waren, sich mit einem König von Gottesgnaden oder einem Blutadel zu identifizieren –, ein neues gemeinsames Ideal zu erhalten: die Nation, das Vaterland, das Volk. Der Nationalismus nutzte die logische Anhänglichkeit jedes Einzelnen an die vertrautesten Orte und Gebräuche sowie das gemeinsame Interesse aus, dass für die Gruppe, zu der wir gehören (und deren Vorteile und Katastrophen wir teilen müssen), die Dinge sich so gut wie möglich entwickeln. Aber im 20. Jahrhundert hat sich der Nationalismus in eine Art kriegerische Mystik verwandelt, die schreckliche internationale Kriege und abscheuliche Bürgerkriege (wie im ehemaligen Jugoslawien) gerechtfertigt hat. Letzten Endes entscheiden sich die Nationalisten immer *gegen* jemanden, gegen ein anderes Land oder eine Gruppe innerhalb des eigenen Staates, der sie die Schuld für ihre eigenen Unzulänglichkeiten und Probleme geben. Der Nationalismus muss sich durch äußere Feinde bedroht fühlen, um wirksam zu werden: Gäbe es nur eine einzige Nation, hätte es keinerlei Reiz und sehr wenig

Sinn, Nationalist zu sein. Die nationalistische Lehre meint, dass der Staat der Ausdruck einer früheren »spirituellen« und oft nicht ganz klaren Realität ist – der Nation. Die Staaten müssten demnach etwas »Natürliches« sein, das auf eine schon vorher bestehende Einheit der Sprache, der Kultur, der Art des Verhaltens oder Denkens reagiert – auf ein »Volk«, das sich bereits vor dem Entstehen des Staates gebildet hat. In Wirklichkeit sind jedoch alle existierenden Staaten Konventionen, die aus historischen Umständen (die manchmal ungerecht und grausam waren) entstanden sind. Es sind die Staaten selbst, die unterschiedlichen Gruppen und Gemeinschaften eine praktische Einheit gegeben haben, indem sie ihnen nachher eine politische »Seele« erfunden haben. Die Nationalisten, die bereits einen Staat haben, sagen, diese »Seele« und ihr geographisches Gebiet seien »heilig« und könnten nicht diskutiert oder angerührt werden. Die anderen Nationalisten, die ihren eigenen Staat haben wollen, sagen, dass ihre eigene »Volksseele« erst dann respektiert wird, wenn sie einen Staat erhalten hat. Aber kein Staat kann »natürliche« Grundlagen in einer früheren Realität haben – alle vereinen und flicken, wie sie können, das Verschiedene zusammen, alle sind künstlich und diskutierbar. Soll zum Beispiel die Sprache das »natürliche« Fundament des Staates sein? Es gibt etwa 80 000 Sprachen auf der Erde und nur etwa 200 Staaten – das heißt, selbst wenn wir diese verzehnfachen, könnten wir nicht allen Sprachen einen Staat geben. Und über die Rassen oder Religionen als Grundlage des Staates brauchen wir erst gar nicht zu reden: Wir kennen den Schrecken, den die gewaltsame »ethnische Säuberung« eines Staates – und auf andere Art kann sie nicht geschehen – verbreitet! Die nationalistische Denkweise will politisch nichts anderes, als das »Innere« angesichts der Fallen des »Äußeren« zu fördern und mit viel Trara zu demonstrieren, dass »wir etwas Besonderes sind«. Wie du siehst, hat das nichts mit den brennenden politischen Fragen zu tun, die sich uns am Ende des 20. Jahrhunderts stellen: Weil es darauf ankommt, zu wissen, ob ein Staat die Menschenrechte und das Bürgerrecht aller, die in ihm leben, respektiert, ob er auf einen Teil seiner Souveränität verzichten kann, um mit anderen Ländern bei der Lösung weltweiter Probleme zusammenzuarbeiten, ob er angemessenen Schutz gegen das Elend und die Gewalt bietet. Die Farbe seiner Flagge und seine Ausdehnung auf der geopolitischen Karte sind von untergeordneter Bedeutung. Einige moderne Staaten können vielleicht aus Gründen der politischen Nützlichkeit reformiert werden, und alle sollten übernationale Verbände anstreben, die die Zusammenstöße zwischen Ländern unmöglich machen und die großen gemeinsamen Probleme der Menschheit lösen. Im Übrigen dient der nationalistische Fanatismus nur dazu, die mächtigen Staaten zu vergöttern, und einige schwächere, die verschiedene Volksgruppen in einem zerbrechlichen Gleichgewicht gehalten haben, zu vernichten. Oder er ist ein Sprungbrett für ehrgeizige Politiker, die kulturellen Minderheiten angehören, aber kein echtes Programm zur Umwandlung der Gesellschaft haben und die mehr vom Aberglauben des Volkes leben als von ihrer eigenen Vernunft.

Das soll genügen, was die Abwege unseres Dranges nach Zugehörigkeit zu einer Gruppe betrifft. Reden wir jetzt etwas (weil dieses Kapitel fast endlos wird, wie die Fernsehserien) über die »schlechten Schwingungen«, die den politischen Wunsch nach Beteiligung zerstören können. Es ist offensichtlich, dass es zahlreiche Unterschiede zwischen der alten griechischen Demokratie und den heutigen Demokratien gibt. Einer der bemerkenswertesten ist der, dass bei den Griechen die politische Betätigung Pflicht war, während sie heute ein Recht ist, das man ausübt, wenn man will, auf das man aber auch gelegentlich verzichten kann. Auch die Art der Beteiligung ist sehr verschieden, denn die griechischen Städte waren klein und alle Bürger konnten bei wichtigen Entscheidungen mitreden; jeder vertrat sich selbst. Aber jetzt leben in den Staaten Millionen von Menschen, die man nur von Zeit zu Zeit zusammenruft, damit sie einige *politische Repräsentanten* wählen, die tatsächlich abwägen und entscheiden, was im politischen Tagesgeschäft zu tun ist. Der Wechsel des Systems bringt offensichtliche Vorteile mit sich, aber auch ernsthafte Nachteile. Die Vorteile hätten vielleicht für einen Athener der klassischen Epoche nicht existiert, aber für uns, die wir eine ganz andere Art und Lebensweise haben, sind sie offensichtlich. Die meisten griechischen Bürger haben sehr wenig oder überhaupt nicht gearbeitet (dazu waren die Sklaven da!), sie hatten also genügend Zeit, um sich den politischen Versammlungen zu widmen. Wir sind dagegen viel mehr von unseren beruflichen Aufgaben in Anspruch genommen, und es wäre uns äußerst lästig, wenn wir auch noch täglich die Probleme der Staatsführung studieren und debattieren müssten. Für die Griechen besaß das »Privatleben« sehr geringen Wert. Sie überließen die häuslichen, familiären Angelegenheiten den Frauen, die in der Polis einen eindeutig untergeordneten

Rang hatten. Für einen Griechen zählte nur das, was in der Öffentlichkeit passierte: mit Gleichgestellten wetteifern und zusammenarbeiten, sei es bei Diskussionen über politische und juristische Themen, bei gemeinsamen Vergnügungen (Tragödien, Komödien, Olympiaden) oder auf dem Schlachtfeld. Für uns haben die privaten Aktivitäten viel größere Bedeutung: die Hobbys und Vergnügungen, die wir nicht mit anderen teilen müssen, die Pflege der Liebes- und Schutzgefühle im Rahmen der Familie, die Sicherung eines Wohlstandes nach unserem Stil für uns und unsere Angehörigen – all das nennen wir unsere Privatsphäre, der wir größere Bedeutung beimessen als unserem öffentlichen Leben (wir sagen doch immer, dass das wahre Leben in unserem Urlaub und auf Festen stattfindet, nicht in der bezahlten Arbeit) und die wir gegen die Einmischungen des Staates verteidigen. Die Griechen waren in erster Linie »Politiker«. Sie gingen in ihrer Polis auf, sie war ihre Hauptbeschäftigung. Wir sind dagegen vor allem Privatleute und daher ist unser Interesse für die öffentlichen Angelegenheiten ziemlich begrenzt. Ich kann mir nicht vorstellen, dass du – um ein nahe liegendes Beispiel zu nehmen – auf die Übertragung eines Spitzenspiels der Bundesliga oder auf ein Treffen mit deinen Freunden verzichtest, um den Staatshaushalt unter die Lupe zu nehmen. Andere Schwierigkeiten lasse ich mal beiseite, zum Beispiel wie kompliziert die Führung eines modernen Staates (im Vergleich zu einer griechischen Polis) für Leute ohne spezielle Vorbildung sein kann oder wie problematisch es ist, alle Bürger über alle Angelegenheiten zu befragen. Diese Hindernisse beeindrucken mich aber weniger, weil man durch Spezialisten gut informiert sein kann, ohne sich selbst spezialisieren zu müssen (die meisten Berufspolitiker wissen über die wirklichen Angelegenheiten des Landes nicht viel mehr als der Mann von der Straße, der täglich zwei Zeitungen liest). Die Entwicklung der Medien, die die Mitwirkung an einer Fernsehdiskussion von der eigenen Wohnung aus ermöglichen, könnte auch unsere allgemeine Beteiligung an politischen Debatten oder Abstimmungen erleichtern. Nein, der Haken dabei ist, dass es uns außerordentlich viel Zeit kosten würde – man bekommt schon zu viel, wenn man sich das nur vorstellt!

Also werden daher die Regierungen der Demokratien von heute durch Repräsentanten gebildet, die von den Bürgern gewählt werden und die sich um die Lösung der praktischen Probleme der Gemeinschaft kümmern – in Übereinstimmung mit dem von der Mehrheit ausgedrückten Willen – und die dafür bezahlt werden. Schlimm ist, dass solche Repräsentanten eine offensichtliche Neigung zeigen zu vergessen, dass sie nur Beauftragte sind – unsere Beauftragten –, und sich zu Spezialisten im Befehlen entwickeln. Die politischen Parteien haben in der modernen Demokratie eine Funktion, die mir nicht leicht ersetzbar scheint; aber mit Hilfe der geschlossenen Wahllisten, des Fraktionszwangs im Parlament und anderer autoritärer Verfahren werden sie für die Kritik und Kontrolle durch die Bürger fast unzugänglich. Und daher denken die Bürger immer weniger über öffentliche Angelegenheiten nach (»Warum soll man sich abmühen, wenn die ja doch machen, was sie wollen?«) und die Politik wird ihnen gleichgültig – das alles ist in dem Wort »Politikverdrossenheit« ausgedrückt, das du sicher schon oft gehört oder gelesen hast. Daran ist meiner Meinung nach auch die *Korruption* schuld, die man in so vielen demokratischen Ländern unter den Berufspolitikern antrifft. Aber beachte: In den meisten Fällen sind es Personen, die zwar auf unerlaubte Weise zu Geld kommen, aber nicht für ihren persönlichen Luxus (solche gibt es allerdings auch!), sondern um ihre Parteien zu finanzieren. Und diese Parteien, die nur ein Instrument sind, damit wir alle in gewissem Maß an den Regierungsaufgaben teilnehmen können, werden zu einem Selbstzweck und entscheiden darüber, was gut und was schlecht ist: Alles, was die Partei begünstigt, ist gut, was ihr schadet, ist schlecht. Eine sehr gefährliche Überzeugung, die auf drei Arten bekämpft werden muss:

1. Die Gesetze müssen mit aller Strenge angewandt werden, und kein Verbrecher darf ungestraft bleiben, so hoch seine Stellung in der politischen Hierarchie des Landes auch sein mag.
2. Es muss versucht werden, die Bedeutung der politischen Parteien einzuschränken; es müssen ihnen Privilegien genommen werden, und man darf die autoritären Mechanismen nicht hinnehmen, die kritische Stimmen innerhalb der Parteien in ihrer Meinungsäußerung behindern.
3. Es müssen andere parallele Formen der Teilnahme am öffentlichen Leben entwickelt werden, wie zum Beispiel Bürgerkollektive, Nachbarschaftsversammlungen und Betriebsgruppen.

Mit einem Wort, es muss vermieden werden, dass sich eine Kruste unabsetzbarer Spezialisten im Befehlen bildet, unter der alle anderen ergebene Spezialisten im Gehorchen sein müssen.

Eine letzte Gefahr der politischen Beteiligung – und damit, schwöre ich dir, höre ich auf: Wenn wir uns am öffentlichen Leben beteiligen, tun wir das – logisch – zur Verteidigung unserer Interessen. Aber unser Hauptinteresse, wenn du ein bisschen nachdenkst, besteht darin, zu erreichen, dass die Gesellschaft, in der wir leben, so … so sozial wie möglich ist. Das heißt, dass sie im Gleichgewicht ist, dass es zwar Konflikte und Widerstreit gibt (nicht: »Alle sind einer«), aber keine Gewalt, dass die Rechte garantiert und die Verantwortlichkeiten klar sind und natürlich dass sich niemand von denen, die unter uns – den Menschen – leben, verlassen wie im Urwald vorkommt, beim geringsten Anzeichen menschlicher Schwäche zerquetscht, beim kleinsten Fehltritt auf dem gemeinsamen Weg verlassen, wegen seiner Unterschiede bis zur Vernichtung angefeindet wird. Erlaube, dass ich dir einfache, aber wichtige Grundsätze wiederhole: Als wir über die Ethik sprachen, habe ich dir versichert, dass unser Hauptinteresse als Menschen darin besteht, wirklich Menschen zu sein. Jetzt, wo es um die Politik geht, muss ich dich daran erinnern, dass es nichts Interessanteres gibt, als eine wirklich soziale Gesellschaft zu erreichen. Solidarität besteht nicht im Verzicht auf seine eigenen Interessen, sondern darin, dass wir bei ihrer Verteidigung dieses entscheidende Hauptinteresse – eine wirklich soziale Gesellschaft – berücksichtigen müssen. Es besteht allerdings die Gefahr, dass dieses elementare Interesse, wenn man sich politisch an der Verwaltung des Gemeinsamen beteiligt, vergessen wird – weil es so selbstverständlich ist. Es wird am meisten vernachlässigt, um unmittelbare Vorteile zu erlangen, die im Grunde genommen ohne dieses elementare Interesse wertlos sind. Erinnerst du dich an das Motto der drei Musketiere in Alexandre Dumas' berühmtem Roman: »Alle für einen und einer für alle«? Ich versichere dir, dass man keine bessere Formel erfunden hat, um am stärksten und reichsten zu sein. Damit meine ich natürlich: *menschlich* am stärksten und *menschlich* am reichsten. Aber du musst zugeben, dass es genau darum geht. – Für heute reicht es – über die Reichtümer reden wir morgen früh weiter …

Lies noch was

»Das Individuum kritisiert die Gesellschaft, aber die Gesellschaft hat das Individuum hervorgebracht. Dieses Konträre – denn man kann es nicht kontradiktorisch nennen – verursacht unzählige Konflikte. Die Gesellschaft – genauer gesagt, diese üblicherweise dominierenden Personen, die in ihrem Namen reden – denkt, dass der Einzelne nur dazu existiert, um ihr zu dienen. Aber: Was für eine monströse Sache ist es, alle lebenden Teile zu opfern, damit das mechanische Ganze, dem wir einen Namen gegeben haben, seinem blinden Lauf folgen kann!«
George Santayana, *Dominations and Powers*

»Heutzutage gibt es Leute, die die Entdeckung des Individuums und seines Wertes gering schätzen und den Begriff ›Individualismus‹ in derogativem Sinn benutzen. Vielleicht ist ein Übermaß an Individualismus negativ, und sicher kann sich der Individualismus in entarteten Formen manifestieren. Aber wenn wir ein Gleichgewicht herbeiführen wollen, darf uns nicht entgehen, dass die Welt dem Individuum in einer erbarmungslosen, unmenschlichen Welt, in der das Töten so normal ist wie das Sterben, keinen Wert beimisst. So war es für die Alten, aber für uns ist es nicht mehr so. Für uns ist Töten etwas Schlechtes, weil das Leben jedes Einzelnen zählt, einen Wert besitzt, heilig ist. Und es ist dieser Glaube an den Wert, der uns zu Menschen macht, der uns die Grausamkeit der Alten und der heutigen nicht individualistischen Gesellschaften ablehnen lässt.«

Giovanni Sartori

»Eine der lebendigsten Erinnerungen meiner Kindheit ist die Radioübertragung des zweiten Boxkampfs zwischen dem schwarzen Nordamerikaner Joe Louis und dem deutschen Schwergewicht Max Schmeling. Schmeling hatte Louis im ersten Kampf k.o. geschlagen und die Nazipresse redete begeistert von der angeborenen Überlegenheit der weißen Rasse. Im Rückkampf schlug Louis in der ersten Runde Schmeling k.o., wenn ich mich recht erinnere. Der Ringrichter hielt das Mikrofon vor den Sieger und fragte bewegt: ›Also, Joe, bist du heute Abend stolz auf deine Rasse?‹ Und Louis antwortete mit seinem Südstaatenakzent: ›Klar, ich bin stolz auf meine Rasse, die menschliche Rasse.‹«

Gabriel Jackson

»Es gibt sehr viele potenzielle Nationen auf der Welt. Unser Planet hat auch durchaus Platz für eine bestimmte Zahl unabhängiger oder selbständiger politischer Einheiten. Nach jeder vernünftigen Berechnung ist nun die erste Zahl (die der potenziellen Nationen) vermutlich viel, viel größer als die zweite (die der möglichen Staaten). Wenn dieses Argument oder diese Berechnung stimmt, dann können nicht alle Nationalismen befriedigt werden, jedenfalls nicht zur selben Zeit. Die Befriedigung einiger impliziert die Enttäuschung für andere. (…) Tatsächlich sind Nationen wie Staaten historische Phänomene und keine universelle Notwendigkeit. Weder Nationen noch Staaten existieren zu allen Zeiten und unter allen Umständen. Darüber hinaus sind Nationen und Staaten *nicht* dasselbe Phänomen. Dem Nationalismus zufolge sind beide füreinander bestimmt; jedes sei unvollständig ohne das andere und stelle für sich allein eine Tragödie dar. Aber bevor sie füreinander bestimmt sein konnten, musste jedes der beiden entstehen, und ihr Entstehen war unabhängig voneinander und zufällig. Der Staat ist mit Sicherheit ohne die Hilfe der Nation entstanden. (…) Es ist der Nationalismus, der die Nationen hervorbringt, und nicht umgekehrt.«

Ernest Gellner, *Nationalismus und Moderne*

»Der Katalog der Klagen über das Parlament, wenn er auch von einem parlamentarischen System in Westeuropa zum anderen variiert, ist ständig größer geworden. Heute wird das Parlament immer mehr als Stempel angesehen, den man Entscheidungen aufdrückt, die woanders getroffen werden. Dieser Standpunkt folgt oft auf Klagen über den Pomp des Parlamentes, ritualisierte Debatten und die Beschäftigung mit Nebensächlichkeiten. Es gibt auch Anzeichen – sehr offensichtlich in den sozialen Bewegungen – einer zunehmenden Überzeugung, dass die Demokratie nicht allein eine Angelegenheit des Parlamentes ist und dass Kompromisse auf lokaler Ebene und soziale Initiativen vorzuziehen sind. (...) Es hat nie ein politisches System existiert, das die demokratischen bürgerlichen Freiheiten gefördert und gleichzeitig das Parlament beseitigt hat. Und es hat nie ein politisches System gegeben, das ein demokratisches Parlament behalten und gleichzeitig die bürgerlichen Freiheiten beseitigt hat. Und bis jetzt hat nie ein politisches System existiert, in dem eine bürgerliche postkapitalistische Gesellschaft umfassende politische Freiheiten mit einem aktiven und wachsamen Parlament kombiniert hat. Genau diese Art System zu errichten könnte man als eine der politischen Herausforderungen betrachten, die es angesichts der gegenwärtigen sozialistischen Tradition gibt.«

J. Keane, *Democracy and Civil Society*

»Wir müssen uns an die normativen Grundlagen des modernen republikanischen Verfassungsstaates erinnern und uns mit seiner Rechts-, Sozial- und Freiheitsordnung identifizieren. Die liberale Demokratie hat ein weltbürgerliches Wertefundament. Bürgerrechte werden aus für alle Völker gültigen Menschenrechten abgeleitet. Die ethnische Abstammung darf nicht über die Gewährung von Bürgerrechten entscheiden.

Nur ein Staat, der Verfolgten Asyl einräumt, der Menschen einwandern lässt und Eingewanderte auch wirklich integriert, ist ein republikanischer Verfassungsstaat. Wir müssen uns von den wahnhaften Vorstellungen einer eth-

nisch und kulturell homogenen Volksgemeinschaft für immer und ganz verabschieden. Wenn irgendein Land der Welt
nicht zur völkischen Nation werden darf, dann Deutsch-
land, dessen Geschichte für die ethnischen Säuberungen der
Gegenwart eine grauenvolle Vorreiterrolle gespielt hat.«

Dieter Oberndörfer, Interview mit der
Frankfurter Rundschau

»Es ist eine verhängnisvolle Illusion zu glauben, die Demokratie könnte durch die so genannte demokratische Kontrolle des Staates gesichert werden. Der Staat selbst kann
nicht demokratisch kontrolliert werden. Wenn man Demokratie will, muss man den Staat abschaffen.«

John Burnheim, *Über Demokratie*

Kapitel 6

Die Reichtümer dieser Erde

Sind die Tiere reich oder arm? Dieses Problem scheint sie nicht besonders zu interessieren. Auch wenn die allzu sehr vermenschlichten Tierfabeln, wie die von der Grille und Ameise, dies vermuten lassen. Die Tiere wissen, was sie brauchen. Sie haben einfache *Bedürfnisse:* nach Nahrung, Unterschlupf, Fortpflanzung, Verteidigung gegen Feinde usw. Manchmal können sie diese Bedürfnisse befriedigen, manchmal nicht – dann droht ihnen der Tod. Sie haben kaum Launen und natürlich phantasieren sie nie. Haben sie einmal ihre Bedürfnisse befriedigt, genießen sie und faulenzen. Sie kümmern sich nicht um die Erfindung neuer und raffinierterer Bedürfnisse über die hinaus, zu denen sie von Natur aus »programmiert« sind (ich meine natürlich die Tiere in ihrem wilden Zustand, nicht die durch den Menschen mehr oder weniger »zivilisierten«). Die Tiere, die ihre Bedürfnisse befriedigen, »reich« zu nennen, und die, die es nicht schaffen, »arm«, scheint mir ein bisschen übertrieben zu sein – aber das überlasse ich deinem Geschmack.

Bei den Menschen ist die Situation anders – ich nehme an, da stimmst du mir zu. Der große Unterschied besteht darin, dass wir Menschen nicht wissen, was wir benötigen. Das heißt, von einem streng biologischen Gesichtspunkt aus wissen wir, dass wir Nahrung und ein Dach über dem Kopf brauchen, dass wir uns fortpflanzen und verteidigen müssen und sonst noch ein paar Dinge benötigen wie andere uns ähnliche Säugetiere auch. Aber alle diese Grundbedürfnisse stellen wir uns als etwas ganz Besonderes vor. Das kompliziert sie derart, dass sie fast unerfüllbar, unersättlich werden: Erst wollen wir essen, danach wollen wir dieses oder jenes essen, dann sind wir bereit, unser Leben zu riskieren, um genau das zu essen, weil es uns allein menschenwürdig scheint, und ab und zu halten wir eine Diät ein oder machen einen Hungerstreik. Zuerst suchen wir unter einem Felsen Unterschlupf, dann in einer Höhle, später im Wipfel eines Baumes, danach bauen wir uns Palisaden, Festungen, Wolkenkratzer. Von der immer komplexer gewordenen Fortpflanzung brauche ich dir nichts zu erzählen. Hat ein Tier ein Bedürfnis befriedigt, kümmert es sich nicht mehr darum, bis es sich von neuem einstellt. Uns dagegen bleibt es immer im Kopf und wir denken darüber nach, wie wir es noch umfassender und besser befriedigen können. Jedes Bedürfnis ist, was es ist (physisch, biologisch). Es enthält aber auch all das, was wir noch wünschen. Daher bringt jedes befriedigte Bedürfnis nicht nur Erleichterung und Ruhe mit sich, sondern auch Unruhe, Gier nach mehr und Besserem – nach immer mehr und Besserem. Vorhin habe ich dir gesagt, dass das Problem darin besteht, dass wir Menschen nicht wissen, was wir benötigen; ich meine damit, weil wir nicht wissen, was wir wollen. Und »Wollen« ist für uns Menschen das erste und am wenigsten vorhersehbare Bedürfnis. Erlaube mir ein bisschen Gedankengymnastik: Die Tiere wollen (das heißt, sie begehren etwas aufgrund ihrer Bedürfnisse), weil sie leben, während wir Menschen leben – weil wir wollen.

Dieses leben, um zu wollen, anstatt wollen, um zu leben (wie es bei den Tieren der Fall ist), hat uns zahlreiche Komplikationen beschert. Ihre Gesamtheit nennen wir *Kultur* oder – wenn wir uns geschwollener und moderner ausdrücken wollen – *Zivilisation.* Frag mich nicht, ob Kultur und Zivilisation gut oder schlecht sind; frag mich auch nicht, ob wir besser dran wären, wenn wir wie die anderen Tiere nach unseren natürlichen Bedürfnissen leben würden. Ich gehöre zu denen, die meinen, das »Natürliche« bei den Menschen ist, Kultur und Zivilisation hervorzubringen. Aber es gibt abweichende Meinungen, die viel bedeutender sind als meine. Im 18. Jahrhundert machte der Philosoph Jean-Jacques Rousseau die Entwicklung der Zivilisation für die Ungleichheit, die Ausbeutung, die Rivalität zwischen den Menschen und fast alle anderen Übel unserer menschlichen Natur verantwortlich. Ein berühmter Ausspruch von ihm lautet: »Der Mensch wird frei geboren, und überall liegt er in Ketten« – gefesselt durch die Konventionen, die Institutionen und die sozialen Vorurteile. Ursprünglich lebten die Menschen vereinzelt, ohne Sprache, und reagierten nur auf ihre natürlichen Instinkte. Sie hatten keine Besitztümer und gehorchten nur der Natur (sie waren Objekte ihrer Gesetze, aber keine Subjekte, das heißt, sie hatten diese Gesetze nicht erfunden). Trotzdem besaßen die Menschen bereits eine Fähigkeit, die die Tiere nicht haben: sich zu verbessern. Das heißt – wenn wir das wieder aufgreifen, was ich dir vorhin gesagt habe -: sie wollten »immer mehr und Besseres«. Also, als sie sich versammelten, begannen sie zu sprechen, ahmten sich gegenseitig nach, fingen an, einige über die anderen zu stellen, lernten, sich nicht mit dem zu begnügen, was sie hatten. Heute sehen wir, was dabei herausgekommen ist. Es ist klar, dass Rousseau nicht empfahl, zum primitiven Urzustand zurückzukehren – was er vernünftigerweise für unmöglich hielt –, sondern die Gesellschaft so zu organisieren und die Erziehung so zu verbessern, dass wir eine Art »zweite Natur« wiedergewinnen, eine künstliche Natur, in der die Mehrzahl unserer Ungleichheiten und Knechtschaften, die uns unterdrücken, beseitigt würde.

Wenn Rousseau schon nicht die Rückkehr zur Natur predigte, dann tue ich das erst recht nicht, der ich viel weniger als er an den »guten Wilden« glaube. – Ich schreibe diese Zeilen auf einem Computer, du kannst sie dank des elektrischen Stroms und der Verlage lesen; ich will diese Seite beenden, um mir einen Film im Fernsehen anzusehen, und da ich von so viel Nachdenken etwas Kopfschmerzen habe, werde ich gleich ein Aspirin nehmen – also, wenn ich jetzt anfangen würde, über die Übel der Zivilisation zu jammern, wäre das reines Geschwätz. Ich will nicht, dass die Zivilisation verschwindet oder dass es weniger Zivilisation gibt, im Gegenteil: Ich will, dass sie viel »zivilisierter« wird. Außerdem: Die menschlichen Gesellschaften erfinden Dinge (Regeln, Techniken, Theorien usw.), aber niemals wird etwas »wegerfunden«. Wenn uns etwas Erfundenes nicht mehr gefällt, kann die Erfindung nicht rückgängig gemacht, sondern nur durch eine bessere ersetzt werden. Um uns von dem zu heilen, was wir bereits erfunden haben, gibt es keinen anderen Weg, als das Erfinden fortzusetzen – also mehr und Besseres zu erfinden.

Die soziale Institution, in der Rousseau die Wurzel unserer üblen Probleme sah, ist das *Eigentum*. Als ein cleverer Mensch ein Feld umzäunte und sagte »Das gehört mir« und die Umstehenden es glaubten, da begannen alle Konflikte zwischen Reichen und Armen, begann die Ausbeutung. So jedenfalls sah es Rousseau. Zu sagen (und es rechtlich zu verankern!), »Das ist Dein und das ist Mein«, ist die Ursache der zahllosen Unannehmlichkeiten, die in den Staat, die Polizei, die Banken, die gegenseitige Ausnutzung und die anderen noch vorhandenen Sklavereien münden. Der Ursprung der echten *Ungleichheit* unter den Menschen ist nicht politisch, sagt Rousseau, sondern wirtschaftlich. Die Wissenschaftler stimmen tatsächlich darin überein, dass die primitiven Gesellschaften im Wirtschaftlichen alle gleich behandeln, dass sie sehr egalitär sind (über die Ungleichheiten der Stärke, Abstammung und Hierarchie haben wir früher geredet). Ihre Mitglieder besitzen nur wenige eigene Dinge, fast alle haben mehr oder weniger die gleichen, und das Wertvollste gehört gewöhnlich allen gemeinsam. Aber dennoch ist bereits hier die Individualität (das heißt die Unabhängigkeit und Autonomie, die Fähigkeit zu entscheiden) an den Besitz gewisser Dinge gebunden: Da bei den Stämmen die wirkliche »Individualität« die der Gruppe ist, ist das Eigentum grundsätzlich auch gemeinsam. Sie sind unter sich egalitär, aber nicht gegenüber ihren Nachbarn, die sie gerne an »Größe« überragen wollen und denen sie natürlich nicht erlauben, sich ihrer Güter zu bemächtigen. Sobald sich die Mitglieder der Gruppe zu den Trägern der Individualität machen, das heißt, sobald sich die Individualität sozusagen »privatisiert«, dann wird auch das Eigentum privat. Wenn es dir lieber ist, kannst du den Prozess auch umkehren: Sobald es Privateigentum gibt, entstehen Privatpersonen.

Von neuem die Frage: Ist das Ergebnis gut oder schlecht? Ich antworte dir wie vorhin: Es geschah vor so langer Zeit, dass ich mich nicht mehr daran erinnere, und es ist mir auch egal. Die glänzenden, aber starren Denkweisen, wie die von Rousseau, beurteilen die Gesellschaft und die Politik immer nach dem Schwarz-Weiß-Schema: positiv oder negativ, gut oder schlecht (um diese Einseitigkeit auszugleichen, widersprechen sich die wahrhaft Intelligenten – wie Rousseau – am laufenden Band, weshalb es in ihren Werken immer mehr als einen Standpunkt gibt). Natürlich wusste auch Rousseau, dass die *Menschen immer Eigentümer gewesen* sind, entweder gemeinsam oder einzeln. Also, das Privateigentum hat positive wie negative Effekte hervorgebracht, je nachdem, von welchem Gesichtspunkt aus man es betrachtet. Es fördert die Ungleichheiten, den Neid, die Habsucht, und es bewirkt, dass die Menschen sich mit dem identifizieren, was sie besitzen, und nicht, was sie sind. Sie ziehen sich nur noch auf ihre Besitztümer zurück und vernachlässigen die sympathische Beziehung zu den anderen. Aber das Privateigentum ermöglicht auch die Entwicklung der Unabhängigkeit des Einzelnen, seiner Autonomie, eines schöpferischen Abstands von der Gruppe, und es erlaubt ihm, Rechte und Pflichten zu entwickeln, die auf vernünftigem Denken beruhen und nicht auf Gruppenzwang. Das Streben nach Privateigentum kann die notwendige Solidarität zerstören, die aus einer Gesellschaft mehr macht als einen Haufen Leute, die zufällig zusammenleben; aber die totale Ablehnung des Privateigentums vernichtet die symbolische und wirtschaftliche Stütze der menschlichen Persönlichkeit und verwandelt so die Gesellschaft in eine Horde oder eine Kaserne.

»Wenn es kein Privateigentum gäbe«, predigen einige Heilige, »wären alle Menschen Brüder.« Es muss an meinem angeborenen Heidentum liegen, aber ich bekenne: Ich freue mich nicht so sehr darauf, dass alle Menschen »Brüder« sind. Es klingt so, als ob wir einen gemeinsamen Vater suchen müssten und dass ihn auf der Erde, weil der Himmel zu weit entfernt ist, die Kirche oder der Staat repräsentiert. Ich begnüge mich damit, dass wir Menschen Mitglieder der Gesellschaft sind, anständig und hilfsbereit unter uns und gleich vor dem Gesetz. Um dieses Ziel zu erreichen, ist das Privateigentum – den notwendigen sozialen Beschränkungen unterworfen – nicht nur kein Hindernis, sondern sogar eine unerlässliche Voraussetzung.

Das Eigentum, das Geld und die anderen Quellen für Probleme breiten sich mit der *Urbanisierung* weiter aus – das heißt dadurch, dass wir nicht mehr wie Bauern, von der Erde abhängig, in kleinen Gemeinschaften leben, sondern dazu übergegangen sind, in Städten zu wohnen, mit einer Vielzahl von Berufen, Künsten und Geschäften. Das Stadtleben entwurzelt die Menschen, macht sie von ihrer Scholle und ihrem Dorf unabhängig, bietet ihnen neues Wissen, bringt sie mit Personen aus anderen Gegenden in Kontakt, ermöglicht ihnen neue Arten des Lebensunterhalts und daher andere Tugenden – und andere Laster. Es vermehrt zweifellos die Konflikte, Versuchungen und Nöte, befreit aber auch von vielen Fesseln. Ein Sprichwort aus dem Mittelalter versichert: »Stadtluft macht frei«. In der Stadt gibt es natürlich weniger wirtschaftliche Gleichheit, aber auch mehr Möglichkeiten, sich sein eigenes Leben zu gestalten, das anders ist als das unserer Eltern. Das verflixte Geld schafft neue Hierarchien, verwischt aber viele alte: Das Sparguthaben hat größere Bedeutung als die Abstammung, die Geschäftstüchtigkeit erweist sich als viel nützlicher als die Fähigkeit, mit Waffen umgehen zu können. Die Menschen wollen etwas gelten und sie wollen um jeden Preis Herren sein – ihrer Werke, ihrer Erfindungen, von Reichtümern und Gütern, aber letzten Endes wollen sie Herren ihrer selbst sein, ihres Lebens und ihres Schicksals. Sie befreien sich so von den Fesseln der Vergangenheit, geraten aber zweifellos in bis dahin unbekannte Abhängigkeiten. Wieder kannst du mich fragen: Ist dieser Modernisierungsprozess, der uns zu Eigentümern macht, gut oder schlecht? Hat sich die Mühe gelohnt? Ich kann dir nur antworten, indem ich dir die Frage zurückgebe: Lohnt sich jetzt noch die Mühe, diesen Prozess, der sowieso nicht rückgängig zu machen ist, zu bewerten? Du weißt ja: Ich bewerte das höher, was die Einzelnen stärkt, nicht das, was die Gruppen gleichmacht. Also werde ich meine Zeit nicht damit vertun, das Geschehene bitter zu beweinen.

Aber vergessen wir nicht, dass es in den Gesellschaften das Eigentum immer gegeben hat, entweder als gemeinsames, privates oder (in den meisten Fällen) als gemischtes Eigentum. Das bedeutet, dass es in allen Gesellschaften wirtschaftliche Probleme gegeben hat. Die Ökonomie gibt es nicht, um die menschlichen Bedürfnisse zu befriedigen. Auch die Tiere haben Bedürfnisse – aber keine Ökonomie. Das Eigentum, die Anhäufung von Gütern und die Zukunftsvorsorge geben Anlass zur Ratlosigkeit der Wirtschaftswissenschaftler, die ein schottischer Schriftsteller des 19. Jahrhunderts – Thomas Carlyle – »hoch ehrenwerte Professoren der traurigen Wissenschaft« (!) nannte. Und den Kern der Wirtschaft bildet selbstverständlich das Traurigste der traurigen Wissenschaft – die *Arbeit.* Da ich dich kenne, überrascht es dich sicher nicht, wenn ich dir sage: Wir Menschen haben keine Lust, viel zu arbeiten. Wir sind aktive, spielerische, reiselustige Wesen, aber die Arbeit nervt uns. Nur weil wir das zukünftige Geschehen vorwegnehmen und die Zukunft genießen oder uns ihretwegen Sorgen machen können, haben wir seit Urzeiten gearbeitet: Um uns zu Herren des Morgen zu machen, werden wir zu Sklaven des Morgen. Immer diese verdammten Widersprüche unseres Wesens! Die anderen Lebewesen prägt das, was geschehen ist, uns dagegen, was wir wollen – oder was wir fürchten. Es ist die Zukunft, die uns antreibt, nicht die Vergangenheit. Nach dem alten judäischen Mythos gab es im Garten Eden nur ewige Gegenwart und daher keine Arbeit. Aber dann trat jenes unselige Ereignis mit dem von der Schlange angebotenen Apfel ein und die Strafe war hart. »Im Schweiße deines Angesichts wirst du dein Brot essen.« Seitdem wurde die Arbeit auch immer als Bestrafung angesehen. Das ist noch daran erkennbar, dass das spanische Wort für Arbeit (»trabajo«) aus dem lateinischen Wort *trepalium* abstammt, ein Folterinstrument aus drei Pfählen (»tres palos« in Spanisch). Natürlich hatten die Römer auch noch eine andere Bezeichnung für die Arbeit: Strafe.

Einer meiner Freunde meint, *der* Beweis dafür, dass die Arbeit etwas Schlechtes und Unangenehmes ist, besteht darin, dass man dafür bezahlt wird. Und mir ist der Gedanke gekommen, dass man die Arbeit von anderen angenehmen Aktivitäten wie dem Spiel oder der Kunst am besten dadurch unterscheiden kann, indem man nur das »Arbeit« nennt, was wir nicht tun würden, wenn wir nicht dazu gezwungen wären. Die so genannten wilden Völker arbeiten nur wenige Stunden pro Tag: Sie besitzen wenige Sachen, sind zwar ziemlich unvorbereitet auf die Katastrophen der Zukunft, haben aber viel freie Zeit zum Faulenzen, um sich Geschichten zu erzählen oder Spaß zu machen. Auch wenn die Ökonomen sagen, sie leben im »Mangel«, so sind sie sicher reich an Muße, die fast immer eines der knappsten Güter war. Die Zivilisation hat den Umfang der sozial notwendigen Arbeit enorm erhöht, besonders in den großen städtischen Ballungsräumen: für die öffentlichen Gebäude, die Straßen, Viadukte, Abwassersysteme, die Manufakturen für Güter des täglichen Bedarfs und das Kunsthandwerk. Denk nur an die Händler, die Verwaltungsbürokratie, die Schriftgelehrten, Lehrer, Militärs und die vielen neuen Aufgaben, die dem ruhigen wilden Leben unserer Vorfahren ein Ende machten.

Natürlich war in keiner dieser städtischen Gesellschaften die verhasste Arbeit gleich verteilt. Zu allen Zeiten hat es einige gegeben, die es geschafft haben, dass viele für sie arbeiteten, entweder durch Gewalt oder durch verschiedene Überredungskünste. Während des Altertums mussten die Sklaven – zum Beispiel Kriegsgefangene, wegen verschiedener Delikte Angeklagte, Angehörige »minderwertiger Rassen« (im Spanischen sagt man immer noch – wie entsetzlich – »arbeiten wie ein Neger«) – die schwersten Arbeiten verrichten. Auch wenn die Bedeutung der Sklaverei für die Arbeit im Laufe der Zeit geringer wurde, hat sie sich in Europa bis ins 19. Jahrhundert gehalten und in anderen Erdteilen noch viel länger (in Saudi-Arabien wurde sie erst 1962 abgeschafft!). Im Mittelalter und zu Beginn der Neuzeit »gehörten« die Leibeigenen dem adligen Großgrundbesitzer des Dorfes, in dem sie geboren wurden – genauso wie die Felder und Bäume. Sie waren verpflichtet, für seinen Lebensunterhalt zu sorgen, notfalls in seinem Heer zu dienen und ihm sogar ihre heiratsfähigen Töchter zur Verfügung zu stellen, bevor die zukünftigen Ehemänner mit ihnen schlafen konnten. Die bürgerlichen Handwerker (die in den Städten lebten, deren Luft von der Knechtschaft befreite) schafften es, aus sich selbst heraus etwas zu gelten und ihre eigenen Herren zu sein. Das war zweifellos eine Verbesserung, meinst du nicht auch? Aber die meisten Geschäfte waren Familienbetriebe und die Kinder mussten sich der Macht der Eltern oder nächsten Verwandten unterwerfen, die nicht immer gütigere Chefs waren als die alten Feudalherren. Du nennst mich oft »Tyrann«. Da hättest du erst mal diese unerbittlichen Väter-Unternehmer kennen lernen sollen! – Und während dieser ganzen Zeit – vom Altertum über das Mittelalter bis zur Neuzeit – waren die Frauen am schlimmsten dran: Sie mussten die häuslichen Arbeiten verrichten, die speziell für sie reserviert waren, und außerdem viele der männlichen Arbeiten (in der Landwirtschaft, den Manufakturen und Fabriken). Normalerweise arbeitete ein großer Teil der Männer für einen anderen Mann, aber die Frauen arbeiteten oft für den Chef und immer für den Ehemann.

Das 18. Jahrhundert ist durch die zwei großen neuzeitlichen Revolutionen gekennzeichnet – die Amerikanische und die Französische –, die mit den alten Sonderrechten der Adligen und Großgrundbesitzer aufräumten und die Demokratie ohne Sklaverei einführten. Das hatten die Griechen nicht geschafft. Mit dem Aufkommen der neuen Industrien wurde die unternehmerische Bürgerschaft zur Führungsschicht der Gesellschaft. Es begann der Aufschwung des *Kapitalismus,* der auch heute noch die entwickelte Welt beherrscht, in der wir leben. Seine Grundidee ist nicht der Dienst für andere »bessere« Menschen – wir sind alle gleich – oder die gesamte Gemeinschaft, sondern das Einzelinteresse, das jeden antreibt, den eigenen Vorteil für sich und seine Familie zu suchen. Aber dadurch, dass jeder nach Gewinn für sich strebt, werden die Gesellschaften in ihrer Gesamtheit reich: Das Gewinnstreben hat sich als Anreiz für die Entwicklung der Industrien erwiesen, es begünstigt die neuen Erfindungen, die die Arbeit produktiver oder das Leben angenehmer machen, während die Konkurrenz unter den Herstellern die Menge der Güter erhöht, ihre Preise senkt und ihre Qualität verfeinert. In anderen Punkten bringt der Kapitalismus jedoch weniger Vorteile mit sich als im wirtschaftlichen Bereich. Von Anfang an scheinen Begriffe wie »Mitleid« für die Leiden des Nächsten oder »Solidarität« aus seinem Wortschatz gestrichen zu sein. Da es ja um die höchstmögliche Steigerung der Gewinne ging, ließen die kapitalistischen Unternehmer die Arbeiter bis zum Umfallen schuften und zahlten ihnen nur das zum Überleben unbedingt Notwendige. Zu Beginn des 19. Jahrhunderts war es üblich, dass neun- oder zehnjährige Kinder an den

Webstühlen und in den Fabriken sechzehn Stunden pro Tag arbeiteten. Als der englische Sozialreformer Robert Owen in seinen Betrieben die Kinderarbeit auf »nur« elf Stunden senkte (und die übrigen für Bildung und Unterhaltung verwandte), rief seine Neuerung Erstaunen hervor und wurde als sehr gefährlich angesehen. Selbstverständlich hatten weder die Kinderarbeiter noch die Erwachsenen die grundlegendsten Rechte: das Recht auf Gesundheitsfürsorge, auf Waschräume und Toiletten in den Fabriken oder auf Unterstützung im Falle einer Krankheit oder im Alter. Ich habe nicht den geringsten Zweifel, dass ohne die sozialen Bewegungen und Kämpfe der letzten einhundertfünfzig Jahre die Arbeitsbedingungen heute noch die gleichen wären.

Bei solchen Missständen ist es logisch, dass die Industriearbeiter – das so genannte »Proletariat« – Proteste und revolutionäre Aufstände gegen die kapitalistischen Eigentümer organisierten. Auch wenn ihre anarchistischen, kommunistischen oder sozialistischen Ideen offensichtlich sehr radikal waren, ging es im Grunde genommen darum, an dem Reichtum, den die industrielle Revolution hervorbrachte, gerechter beteiligt zu werden. Dafür mussten die Arbeiter ihre Stärke zeigen, sich in Gewerkschaften zusammenschließen und politische Forderungen stellen – nicht um den Kapitalismus als Produktionssystem zu zerstören, sondern um ihn zu einer besseren Verteilung zu verpflichten. Andere wollten viel weiter gehen. Wer den Gedanken von Karl Marx folgte, dem bedeutendsten Sozialtheoretiker der damaligen Zeit, forderte: Das Proletariat soll durch den revolutionären Weg des Bürgerkriegs zur herrschenden Klasse werden. Das kapitalistische Eigentum soll abgeschafft und ein kommunistisches Wirtschaftssystem eingeführt werden, in dem die Führung des Einheitsstaates die Planung der Produktion und die Festlegung der Entlohnung übernimmt. In den Ländern, in denen man diese Forderungen in die Praxis umsetzte (angefangen mit Russland), führte das in eine Katastrophe. Der Staat wurde zu einem kapitalistischen Superunternehmer der tyrannischsten Sorte und dazu noch äußerst leistungsschwach. Die bürgerlichen Freiheiten als Folge der Revolutionen des 18. Jahrhunderts gingen wieder verloren und die Ungleichheit blieb weiter bestehen. Ja, sie wurde sogar noch schärfer als je zuvor, weil es eine Ungleichheit der politischen Macht war. Früher konnte ein Arbeiter von einem fiesen Unternehmer entlassen werden, fand aber vielleicht bei der Konkurrenz Beschäftigung. Im autoritären Kommunismus musste jeder, der sich nicht dem einzigen Boss unterwarf, nicht nur um seinen Arbeitsplatz fürchten, sondern um seine Freiheit oder sein Leben. Die neue Führungsklasse – die kommunistische Partei – genoss (und genießt noch immer, wo sie kann) alle Sonderrechte in verarmten, gleichgeschalteten Ländern. Die Menschen dort sind einer ständigen Gehirnwäsche durch die ideologischen Diktatoren des Systems unterworfen. Ich brauche nicht weiter das Negative dieser angeblichen »Lösung« für die Übel des Kapitalismus zu betonen: Du hast selbst den dramatischen Ausgang gesehen, den sie in den meisten Ländern genommen hat. Uns bleibt nur noch zuzusehen, wie das totalitäre Rezept in Kuba oder China ausgeht.

Dennoch will ich nicht die positiven Aspekte unerwähnt lassen, die das marxistische Denken und die kommunistische Bewegung in den entwickelten europäischen Ländern hatten. Sie führten zu einer Reihe von notwendigen Reformen, die den Kapitalismus auf sozialem Gebiet menschlicher machten, ihm politisch Würde gaben und ihn sogar als Wirtschaftssystem wirksamer machten. Im *Kommunistischen Manifest* finden sich unter weniger nützlichen Träumereien Forderungen, die für ihre Zeit äußerst vernünftig sind: das öffentliche Eigentum an der Eisenbahn und den Kommunikationsmitteln, die progressive Steuer auf das Einkommen, die Abschaffung der Kinderarbeit, die kostenlose Schulbildung und die Vollbeschäftigung. Diese Ziele sind in vielen Fällen heute bereits erreicht oder immer noch gültig, gelten aber jetzt nicht mehr als gefährliche Vorschläge, sondern als gemäßigte und vernünftige Forderungen. Außerdem hätten ohne die kämpferischen Kommunisten (und natürlich die Anarchisten und Sozialisten) die Gewerkschaften – die für das Arbeitsleben so große Bedeutung haben – nie die Stärke erreichen können, die sie so wirksam machte. Erlaube mir, dass ich noch einen Widerspruch formuliere (was kann ich dafür, dass die Welt so widersprüchlich ist?): Ich glaube, dass der Kommunismus in den kapitalistischen Ländern sehr nützlich war; eine verhängnisvolle Wirkung hatte er dagegen in den kommunistischen Ländern.

Trotzdem wecken heute weder der reine Liberalismus noch viel weniger die reinen kommunistischen oder sozialistischen kollektiven Systeme irgendeine Hoffnung. Sogar in den liberalsten Staaten hält man es für notwendig, dass die Regierung in gewissem Maß die Krankenversicherung, die Altersrente, die Arbeitsverträge, die Arbeitslosenunterstützung, die öffentliche Bildung und den größten Teil der Infrastruktur von allgemeinem Interesse garantiert. Das alles gehört zu dem, was man »Wohlfahrtsstaat« nennt. Seine Vorläufer im 19. Jahrhundert waren die politischen Reformen Bismarcks, die den Zweck hatten, die aufrührerischen Arbeiter zufrieden zu stellen, die zu viel Karl Marx gelesen hatten. Eines der schwierigsten wirtschaftlichen Probleme, die gegenwärtig gelöst werden müssen, ist die *Arbeitslosigkeit.* Als die Maschinen, immer perfekter und automatisierter, in der Arbeitswelt erschienen, hatten die Optimisten eine große Hoffnung: Das waren endlich die neuen Sklaven, die die schwersten Arbeiten erledigten, während die Menschen sich der politischen Debatte oder der Philosophie widmen konnten – wie die alten Griechen! Tatsächlich ersetzten die Maschinen auf wirksame und billige Weise die Arbeit vieler Menschen. Aber die wurden entlassen und mussten, anstatt sich der Philosophie widmen zu können, betteln gehen oder von der Regierung Unterstützung verlangen. Die Forderung nach Vollbeschäftigung wurde zum Ideal vieler Parteien und Gewerkschaften. Ist dieses Ideal, so wie man es heute auffasst, realistisch? Müsste man nicht ein Mittel finden, um die Arbeitszeit ohne Senkung der Löhne zu verkürzen, damit mehr Leute arbeiten könnten? Müsste man nicht vielleicht eine Arbeitsform finden, bei der sich Stunden der Arbeit und Stunden der Pause abwechseln, so dass wir uns gegenseitig am Arbeitsplatz ablösen? Müssten letzten Endes die Dinge nicht so organisiert werden, dass die Arbeit nicht die einzige Form ist, sich den Lebensunterhalt zu verdienen? Man könnte ja ein festes Mindesteinkommen einführen, das man erhält, einfach weil man zu der Gemeinschaft gehört. Komischerweise (noch ein Widerspruch!) war es Milton Friedman, ein Wirtschaftswissenschaftler und Vertreter der freien Marktwirtschaft, der die Einführung einer »negativen Einkommensteuer« vorschlug: Man zahlt Steuern nach der Höhe des Einkommens, bekommt sie aber ausgezahlt, wenn das zu gering ist. Ich kann dir keine Lösungen anbieten, weil ich fast nichts von der Ökonomie verstehe; mich beunruhigt aber, dass die Ökonomen angeblich was von der Wirtschaft verstehen, aber keine Lösungen für die vielen wirtschaftlichen Probleme anzubieten haben.

Eines der schockierendsten Merkmale der Welt, in der wir leben, ist der riesige Unterschied im Lebensstandard der Länder. Die gebräuchlichste Erklärung für diese Situation ist, dass die reichen Länder mit Hilfe des Kolonialismus und Imperialismus die armen Nationen ausgebeutet und sie ins Elend gestürzt haben. Ehrlich gesagt: Mir ist diese Erklärung zu einfach. Sie kann zwar einige Probleme erklären, aber nicht alle. Einige Länder waren Kolonien und sind heute nicht gerade arm – die Vereinigten Staaten oder Kanada etwa. Andere waren große Imperien, was ihnen vom wirtschaftlichen Gesichtspunkt aus in keiner Weise genützt hat – denk an Spanien und Portugal! Der Handel mit den kapitalistischen Multis hat in Ländern des Fernen Ostens wie Taiwan oder Korea nicht zu deren Ruin beigetragen – ganz im Gegenteil. Es ist auch nicht sicher, dass das Fehlen von Naturschätzen alles erklärt: in Brasilien, Argentinien oder den arabischen Erdölstaaten gibt es sie im Überfluss. Die wirtschaftliche Rückständigkeit vieler afrikanischer und lateinamerikanischer Länder muss mehrere Ursachen haben. Zum Beispiel eindeutig undemokratische oder unzureichend demokratische politische Strukturen, die die Kontrolle der Regierungsentscheidungen und das Funktionieren der bürgerlichen Gesellschaft behindern. Auch die Mängel im Bereich des Bildungswesens, die die richtige Ausbildung von Fachleuten erschweren, spielen eine Rolle. Genauso die Ausbreitung verrückter religiöser und politischer Ideen, die mit der Ausweitung der Rechte und Garantien der modernen Gesellschaft unvereinbar sind. Insbesondere ist die Ungleichheit der Frauen im Bildungsbereich von Bedeutung. Würden sie besser ausgebildet und beruflich gleichgestellt, bekämen sie weniger Kinder. Und hier kommen wir zum wichtigsten Punkt, vielleicht zum wichtigsten aller Probleme, denen wir heute gegenüberstehen: dem *riesigen Bevölkerungswachstum.* Es leben jetzt bereits 5,5 Milliarden Menschen auf unserem Planeten, und man sagt, dass wir innerhalb von wenig mehr als fünfzig Jahren acht Milliarden werden könnten! Der größte Teil dieser Überbevölkerung befindet sich in den wirtschaftlich weniger entwickelten Ländern, was ihre Entwicklungsmöglichkeiten und ihr Bildungssystem blockiert. Und da predigen der Papst und andere religiöse Führer in unverantwortlicher Weise gegen Empfängnisverhütung! Im Namen des absurden »Rechtes der Ungeborenen, geboren zu werden«, verurteilt man die Geborenen dazu, nicht leben zu können: Der Hunger und die schrecklichen Morde an den Straßenkindern in so vielen unterentwickelten Ländern übernehmen den »Ausgleich« für die fehlende menschliche Vernunft. In den westlichen Ländern kann man Stimmen hören, die alle Übel der Dritten Welt den Übergriffen der Ersten Welt zuschreiben. Natürlich ist in den Entwicklungsländern diese Einstellung noch weiter verbreitet, weil die Schuldzuweisung an die draußen als Alibi dafür dient, dass sie sich nicht verantwortlich und auch nicht verpflichtet fühlen, selbst nach Lösungen zu suchen. Es wäre Unsinn, die Ausplünderung der Schwächsten, der am schlechtesten Informierten oder derjenigen, die am leichtesten zu bestechen sind, durch die großen Kolonialmächte zu leugnen. Trotzdem bin ich davon überzeugt, dass man die Ursachen der zerstörerischen Unterentwicklung, unter der viele Länder leiden, zum großen Teil nicht außerhalb und in der Vergangenheit, sondern *in den Ländern selbst* und in der *Gegenwart* suchen muss. Natürlich ist es dringend, gerecht und vernünftig, dass die reichsten Länder die rückständigsten so weit wie möglich unterstützen. Aber die Wirtschaftshilfe muss von der Forderung nach demokratischen Reformen – wo sie notwendig sind – und der Beachtung der Menschenrechte begleitet sein. Das bedeutet, man muss in gewisser Weise in die inneren Angelegenheiten dieser Länder eingreifen. Ich weiß, dass es hart klingt, aber ich habe den Verdacht, dass unter dem Deckmantel der »nationalen Souveränität« und der »eigenen Identität« autoritäre Systeme gedeihen, die ihre Bürger unterdrücken und sie zum Elend und Rückschritt verurteilen.

Und nun greife ich einen Einwand auf, den ich irgendwann von dir gehört habe: Wenn morgen oder übermorgen die Entwicklungsländer den Stand der Ersten Welt erreichen würden – würde dann nicht die Ausbreitung der Technologie und die Steigerung des Konsums das ökologische Gleichgewicht unseres Planeten, das schon ziemlich bedroht ist, unwiderruflich zerstören? Müssten wir nicht alle unsere Forderungen nach mehr Konsum und Technologie einschränken, anstatt sie auf die auszudehnen, bei denen sie heute noch nicht erfüllt sind? Damit kommen wir zum Thema der *Ökologie*. Dazu muss ich dir ein paar Worte sagen, bevor ich dieses Kapitel beende, weil man die Ökologie als *das* politische Interesse der Jugendlichen ansieht. Lass mich zunächst zwischen »Ökologie« und dem unterscheiden, was ich bei anderer Gelegenheit »Ökolatrie« genannt habe (was so viel wie »Anbetung der Umwelt« bedeutet). Die Ökologie sorgt sich um die Zerstörung bestimmter natürlicher Ressourcen und Lebewesen (der Ozonschicht, des Amazonasurwalds, der Meere, der Wälder, bedrohter Tierarten), weil diese Zerstörung das menschliche Leben ärmer macht und es ernsthaft bedrohen kann. Das heißt, die Ökologen behaupten, dass wir uns um die Umwelt sorgen müssen, weil wir nicht leben und unser Dasein auch nicht genießen können, wenn wir sie unwiderruflich zerstören. Ich stimme dem vollkommen zu, wie du dir denken kannst. Bei den »Umweltanbetern« dagegen ist die Grundlage ihrer Liebe zur Natur der Hass auf das, was die moderne humanistische Tradition ausmacht: Sie behaupten, dass der Mensch nur ein Wesen unter anderen ist, dass er keine Sonderrechte hat, dass seine kulturellen oder technologischen Interessen keinen Vorrang vor den biologischen Interessen anderer Wesen des Planeten haben. Die Rechte der Menschen sind nicht wichtiger (nicht einmal für die Menschen!) als die Rechte der Tiere oder Pflanzen! – rufen sie. Also, ehrlich gesagt kommt mir diese Einstellung bestenfalls blödsinnig, im schlimmsten Fall verdächtig vor: Weißt du, dass viele Vertreter der so genannten »radikalen Ökologie« – die ich »Ökolatrie« nenne – eine Verbindung zu Neonazis oder anderen rechtsextremen Gruppierungen haben? Immerhin sollte man nicht vergessen, dass die ersten Gesetze zum Schutz der Tiere und der Mutter Erde in den dreißiger Jahren von einem berühmten Vegetarier und Gegner des Tabaks namens ... Adolf Hitler erlassen wurden. Also: Wir Menschen können »die Natur« weder zerstören noch ihr schaden. *Sie* ist es vielmehr, die uns nach zahllosen Beschädigungen zum Untergang verurteilt. Auch wenn wir unseren kleinen Planeten in Stücke hauen, nimmt die Natur weiter ihren unveränderlichen Lauf: Eine Bombe, ein tödliches Gas oder ein giftiges Produkt wird explodieren, uns ersticken beziehungsweise vergiften, aus den gleichen natürlichen Gründen, die die Photosynthese oder das Nordlicht verursachen. Wenn wir weiter so brutal sind, können wir Menschen *unsere* Natur zerstören, aber nicht *die* Natur; wir können unseren Planeten vernichten (und mit ihm natürlich auch uns selbst), aber nicht unsere Galaxie oder das ganze Universum.

Die Anstrengungen der Menschen, sich eine künstliche Umgebung zu schaffen – Kultur, Zivilisation –, wurden unternommen, um unsere Lage innerhalb der Natur zu verbessern. Schließlich sind wir die einzigen Wesen, die wissen, dass sie sterben werden, und die einzigen, die ihr Leben als einmaliges Abenteuer und nicht bloß als eine weitere Wellenbewegung des großen Ganzen ansehen. In gewissem Maß ist die »Aggression« gegen die Natur keine, sondern eine gerechte Notwehr. Außerdem wird sie mindestens seit der Jungsteinzeit praktiziert: Die Landwirtschaft war der erste und größere künstliche Versuch, uns die Natur teilweise zu Diensten zu machen (was die zerstörerischen Effekte betrifft, haben die primitiven Methoden der Brandrodung damals mehr Schaden angerichtet als irgendeine moderne Industrie). Es sind sogar die entwickeltsten Länder, die sich mehr Sorgen um die ökologischen Probleme machen und mehr Geld zum Schutz der Umwelt ausgeben. Die neuen Technologien, die mehr das Gehirn (die Information) entwickeln als die mechanische Kraft, sind vielleicht ein hoffnungsvolles Anzeichen für einen Bruch mit den veralteten dreckigen Industrien der Vergangenheit. Auf jeden Fall ist es ohne die Hilfe fortschrittlichster Technologien unmöglich, eine Mindestlebensqualität für die 5,5 Milliarden Menschen zu sichern, die gegenwärtig hier leben. Ich weiß, dass einige Ökologen meinen, die optimale Anzahl liegt bei etwa 500 Millionen. Ich glaube aber nicht, dass die im Ernst vorschlagen, die umzubringen, die diese Zahl übersteigen, damit die Pflanzen und Tiere sich nicht über uns ärgern. Wie bei so vielen anderen Problemen könnte nur eine effektive weltumspannende Autorität gerechte Maßnahmen ergreifen, um die Umwelt des ganzen Planeten zu schützen. Was mir beunruhigend erscheint, ist die naive Bereitschaft, mit der die Jugendlichen, denen »die Politik gleichgültig ist«, sich für die Ökologie einsetzen – je übertriebener, desto besser. Ich bin auch der Meinung, dass heute niemand ernsthaft eine globale Politik betreiben kann, ohne die ökologischen Faktoren zu berücksichtigen. Aber mehr nicht. Auch wenn es offensichtlich ist, dass die radikale Ökologie für viele die Religion ersetzt (oder zu einem Teil von ihr wird), kann man diese andere künstliche, auf den Menschen bezogene und daher etwas gottlose Aktivität – die Politik – nicht ersetzen.

Jetzt habe ich aber genug über Ökonomie geredet. Im nächsten Kapitel geht es um eine der ältesten und schrecklichsten Erscheinungen, die die Menschen verfolgen: den *Krieg*. Der preußische General und Militärtheoretiker Clausewitz hat über ihn gesagt, er sei »eine bloße Fortsetzung der Politik mit anderen Mitteln«.

Lies noch was

»Der Erste, welcher ein Stück Land umzäunte, sich in den Sinn kommen ließ zu sagen: *dieses ist mein,* und einfältige Leute antraf, die es ihm glaubten, der war der wahre Stifter der bürgerlichen Gesellschaft. Wie viel Laster, wie viel Krieg, wie viel Mord, Elend und Gräuel hätte einer nicht verhüten können, der die Pfähle ausgerissen, den Graben verschüttet und seinen Mitmenschen zugerufen hätte: ›Glaubt diesem Betrüger nicht; ihr seid verloren, wenn ihr vergesst, dass die Früchte euch allen, der Boden aber niemandem gehört.‹«

Jean-Jacques Rousseau, *Abhandlung über den Ursprung und die Grundlagen der Ungleichheit*

»Wer das menschliche Leben kurz nach dem kulturellen Durchbruch beobachtet hätte, wäre unschwer zu dem Schluss gelangt, die menschliche Spezies habe, außer in Bezug auf geschlechts- und altersspezifische Differenzierungen, einen unausrottbaren Hang zum Egalitarismus. Dass später einmal die Welt in Adlige und Gemeine, Herren und

Sklaven, Milliardäre und obdachlose Bettler zerfallen würde, hätte damals in völligem Widerspruch zur menschlichen
Natur geschienen, wie sie sich in den Verhältnissen jeder
menschlichen Gesellschaft auf Erden kundtat.«

Marvin Harris, *Menschen: Wie wir wurden, was wir sind*

»Der Wert der Dinge war nicht mehr das Maß für das Leben
derer, die sie angefertigt hatten, oder für die Macht jener, die
sie besaßen. Stattdessen stand das Geld für die Dinge. Es ermöglichte, dass weit mehr Gegenstände über größere Ent-
fernungen gehandelt werden konnten und Reichtum unter
besseren Bedingungen zu schaffen war als je zuvor. Die
Gegenstände konnten in Umlauf sein, ohne dass das Leben
derer, die mit ihnen handelten, Gefahren ausgesetzt war.

Geld (gemeinhin auch als Markt oder Kapitalismus be-
kannt – alles Bezeichnungen für unlösbar miteinander ver-
bundene Konzepte) setzte sich als radikal neue Möglichkeit
durch, Gewalt zu steuern, weil es den älteren Ordnungen
des Heiligen und der Stärke überlegen war.«

Jacques Attali, *Millennium*

»Nicht vom Wohlwollen des Metzgers, Brauers und Bäckers
erwarten wir das, was wir zum Essen brauchen, sondern
davon, dass sie ihre eigenen Interessen wahrnehmen. Wir
wenden uns nicht an ihre Menschen- sondern an ihre Eigen-
liebe.«

Adam Smith, *Der Wohlstand der Nationen*

»Die nationalen Absonderungen und Gegensätze der Völker
verschwinden mehr und mehr schon mit der Entwicklung

der Bourgeoisie, mit der Handelsfreiheit, dem Weltmarkt, der Gleichförmigkeit der industriellen Produktion und der ihr entsprechenden Lebensverhältnisse.

Die Herrschaft des Proletariats wird sie noch mehr verschwinden machen. Vereinigte Aktion, wenigstens der zivilisierten Länder, ist eine der ersten Bedingungen seiner Befreiung.

In dem Maße, wie die Exploitation des einen Individuums durch das andere aufgehoben wird, wird die Exploitation einer Nation durch die andere aufgehoben.«

Karl Marx und Friedrich Engels,
Manifest der kommunistischen Partei

»Die Ökologie ist kein allgemeines System zur Erklärung der Welt, sondern ein im Wesentlichen pragmatisches Vorgehen, bestehend aus Protesten und punktueller Mitwirkung an den Entscheidungsinstanzen, die die allmähliche Reform des alltäglichen technisch-wirtschaftlichen Verhaltens, die schrittweise Verbesserung des Lebensstandards der industrialisierten Länder und die geduldige Unterdrückung der Ungerechtigkeiten in der Dritten Welt zum Ziel haben. Andere weisen der Ökologie weitergehende Aufgaben zu, mehr aus einem theoretischen als praktischen Gesichtspunkt. Da sie an der fließenden Grenze zwischen den alten und modernen Denkweisen steht, müsste sie es der Menschheit ermöglichen, sich von ihrem übertriebenen Vertrauen auf die Wissenschaft, die Ökonomie und die Technik zu befreien, dank der Berücksichtigung der zunehmenden Komplexität der Beziehungen zwischen dem Menschen und der Natur. Indem sie Lehren aus der Vergangenheit zieht, sowohl aus ihren Irrtümern als auch ihrem Nutzen, müsste sie mit dem Mythos des unbegrenzten Fortschritts Schluss machen, ohne aber deshalb in den Idealismus oder die Ineffizienz zu verfallen. Zugleich wissenschaftlich, aktiv und menschlich, müsste sie im Wissenschaftler, den Entscheidungsträgern und dem Bürger ein neues Bewusstsein und neue Verhaltensweisen erzeugen, indem sie die Achtung vor der Natur und die Notwendigkeit des Menschen, etwas Künstliches zu schaffen, miteinander verbindet. Mit einem Wort, die Ökologie müsste den Humanismus der Zukunft verkörpern.«

P. Alphandéry, P. Bitoun, Y. Dupont,
L'equivoque écologique

Kapitel 7

Krieg dem Kriege

Schuld hat – sozusagen – der Stickstoff. Nicht wegen seiner Verwendung zur Herstellung von Bomben, sondern weil er eine unerlässliche Voraussetzung für das Leben ist. Die Pflanzen haben ihr eigenes System erfunden, um den Stickstoff in ihren Zellen zu binden – dank genialer Tricks und ohne jemanden zu belästigen. Aber die Tiere haben, um Zeit zu sparen und ohne viel hin und her zu überlegen, das Problem folgendermaßen gelöst: Sie fressen Pflanzen und kommen so zu bereits fabriziertem Stickstoff. Das gilt aber nur für die Pflanzen fressenden Tiere. Die Fleischfresser kürzen den Weg noch mehr ab: Sie fressen die Pflanzenfresser und so gelangt der Stickstoff in ihre Zellen – ohne dass sie sich um den Salat kümmern. Und wir Menschen erst: Wir essen Pflanzen, Pflanzen fressende und auch Fleisch fressende Tiere – alles ist nützlich. Wenn irgendein Wesen auf der Erde das »Alles ist nützlich« zum Leitspruch erhoben hat, dann sind wir es. Und daher existiert beim Menschen von Anfang an das, was man *Vernunft* nennen kann. Die Vernunft unterscheidet den Menschen von den Tieren. Also ist das »Alles ist nützlich« das Wesen der menschlichen Natur. Ich habe vergessen zu erwähnen, dass zu diesem Motto auch gehört, dass die Menschen sich gegenseitig essen. Wenn ich

also sage »Alles ist nützlich«, dann meine ich: wirklich *alles.*
Kurz gesagt, der Mensch ist der totale Plünderer, das vollendetste Raubtier unter den bekannten Tieren. Die ursprüngliche Schuld an dieser wilden Wesensart, wenn wir von »Schuld« reden wollen (wovor ein guter Naturforscher sich hüten wird), hat – wie gesagt – der Stickstoff. Hätte er sich nicht ganz allein in den Zellen binden können – ohne so viel Hin und Her und Schwierigkeiten?

Wegen dieses »Alles ist nützlich« sind wir da, wo wir jetzt sind, und besetzen seit Jahrtausenden Platz eins der zoologischen Hitparade dieses Planeten. Nach und nach haben wir diese Devise verfeinert und auf den neuesten Stand gebracht. Um die Kräfte zu konzentrieren, haben wir vor geraumer Zeit beschlossen, dass es ab und zu besser ist, einzuführen, dass nicht alles nützlich ist. Zu lernen, dass »Alles ist nützlich« nur begrenzt geht, hat sich als die beste Methode erwiesen, daraus Nutzen zu ziehen. Die Menschenfresserei zum Beispiel ist ungebräuchlich geworden, auch gewisse zügellose Formen des Tötens. Eher vergessliche als gutherzige Leute wagen es, heute zu sagen, dass der Kannibalismus oder die Ausrottung von Gegnern »unmenschlich« ist, so als ob die Menschheit sich nicht jahrhundertelang gerade durch solche Mittel am Leben erhalten hätte. Andere, noch heuchlerischere, versichern mit bewegter Stimme, der Krieg sei ein ganz und gar unmenschlicher Brauch – so als ob die Geschichte der Menschheit nicht vor allem eine Geschichte der Kriege wäre (oder als ob unsere ganz alten Vorfahren kriegerischer gewesen wären als Cäsar oder Napoleon). Offenbar haben sie entschieden, dass die Geschichte dann beginnt, wann sie meinen, und keine Minute früher. Diese

Einstellungen erinnern an die Liebhaber, die zu jeder neuen Eroberung sagen: »Bis heute habe ich nicht gewusst, was Liebe wirklich ist.« Erst jetzt sind wir der Meinung, dass eine »wirklich« menschliche Geschichte auf bestimmte Verhaltensweisen (Menschenfresserei, Verbrennen von Ketzern, Folter, Krieg) verzichten müsste; Verhaltensweisen, die man bis vor kurzem als tugendhaft und empfehlenswert angesehen hat. Aber wir müssen der Ehrlichkeit halber klarstellen, dass ohne diese Praktiken, die uns gegenwärtig missfallen, die menschliche Gattung nicht das wäre, was sie heute ist. Sie würde wahrscheinlich überhaupt nicht mehr existieren – zumindest einige Leute fänden das schade.

Konzentrieren wir uns nun auf den *Krieg*. Zunächst will ich dir einige alarmierende Daten nennen, die ich der »Weltenzyklopädie der Internationalen Beziehungen« und Statistiken der Vereinten Nationen entnommen habe. In den letzten 5 500 Jahren – um nicht allzu weit zurückzugehen – hat es 14 513 Kriege gegeben, die 1,24 Milliarden Menschenleben gekostet haben und in denen es nicht mehr als 292 Jahre lang Frieden gab (sicherlich hat es in diesem Zeitraum auch kleinere Kriege gegeben). Der Krieg, eine Angelegenheit aus grauer Vorzeit? Kommen wir zum 20. Jahrhundert. Ich übergehe die zwei Weltkriege, die russische und chinesische Revolution, den Spanischen Bürgerkrieg usw. Also, allein zwischen 1960 und 1982, einer vergleichsweise ruhigen Periode, zählt die erwähnte Enzyklopädie 65 bewaffnete Konflikte – wobei nur die gerechnet werden, die mehr als tausend Tote gekostet haben. Diese jüngsten Kriege sind in 49 Ländern geschehen und haben nicht weniger als 11 Millionen Opfer gefordert. Du kannst noch den Krieg zwischen Iran und Irak, den Golfkrieg, die Bürgerkriege in Somalia, Afghanistan und anderswo dazuzählen – man kommt mit dem Zählen gar nicht mehr mit. Ich glaube nicht, dass mehr Zahlen nötig sind, um zu sehen, dass der Krieg bis jetzt ein zwar verhasster, aber untrennbarer Begleiter der menschlichen Gesellschaften gewesen ist. Immer war er eine glorreiche und großartige Angelegenheit, aber gleichzeitig auch eine Tragödie und Quelle des Schmerzes. Die Dichter haben ihn besungen und beweint; die Frommen haben ihn als Strafe Gottes angesehen und auch als Verpflichtung, um unsere Verehrung Gottes zu beweisen (der, vergessen wir das nicht, der »Herr der Heerscharen« genannt wird). Die Herrscher erklären sich oft zu Anhängern des Friedens, gehen aber viel eher durch gewonnene als vermiedene Kriege in die Geschichte ein. Was die Händler betrifft, so ist auch ihre Haltung zwiespältig, weil der Krieg den Ruin und das Ende des normalen Handels darstellt, aber auch eine außergewöhnliche Gelegenheit zur raschen und massiven Bereicherung. Für alle diese offensichtlichen Widersprüche gibt es eine ziemlich einfache Erklärung: Der Krieg ist eine »gute« Sache, wenn man ihn vom kollektiven Standpunkt aus betrachtet – er dient zur Bestätigung und Stärkung der menschlichen Gruppen, zu ihrer Disziplinierung, zur Erneuerung ihrer Eliten, zur Förderung des Gefühls der bedingungslosen Zugehörigkeit ihrer Mitglieder, zur Vergrößerung des Gebietes oder Einflussbereiches, zur Steigerung der Bedeutung des Öffentlichen in allen Bereichen. Dagegen ist der Krieg vom Standpunkt des Einzelnen aus, wie dir und mir, »schlecht«: weil er mein Leben in Gefahr bringt, mir Mühen und Schmerzen aufbürdet, mich von meinen geliebten Wesen trennt oder sie tötet, mich daran hindert, mich um meine kleinen Geschäfte zu kümmern, und mir nicht immer andere Vorteile bringt, weil er mich verpflichtet, mich mit Leib und Seele der Gemeinschaft hinzugeben. Aus der gewöhnlichen individuellen Perspektive besteht der einzige Vorteil des Krieges – das ist nichts Verachtenswertes – darin, dass er mit der Langeweile und dem Alltagstrott Schluss macht. Im Krieg passiert endlich was! Der englische Dichter John Donne meinte, dass niemand auf dem Karren schläft, der ihn zum Schafott bringt. Genauso sicher ist, dass es in Kriegszeiten weniger Gelegenheiten zum Gähnen gibt (ich nehme an, dass dann auch die Anzahl der Selbstmorde erheblich zurückgeht; sie werden eher aus Langeweile verübt).

In dem Maße, in dem die Gesellschaften individualistischer und ihre Mitglieder egoistischer wurden – das heißt, als sie ihre Besitztümer und alltäglichen Freuden mehr genossen, was früher nur einigen wenigen vergönnt war und sich jetzt immer mehr ausbreitete –, verlor der Krieg viel von seinem traditionellen Zauber. Einige Zurückgebliebene begeistern sich weiterhin für Nachrichten von fernen Kriegen, für die Idee des Krieges. Aber sobald eine Bombe in der Nähe einschlägt oder dem Sohn der Soldatenhelm aufgesetzt wird, verlieren sie ihre ganze patriotische Begeisterung. Die Leute wollen nicht, dass sie in Probleme gestürzt werden – nicht weil ihnen der Friede über alles geht (es gibt immer Grund zum Murren oder man langweilt sich, wenn alles gut läuft), sondern weil sie wollen, dass man sie in Frieden lässt. Nur in rückständigen, armen, wenig informierten Ländern, die wegen ihrer Religion oder Weltanschauung kollektivistisch und aus mörderischer oder selbstmörderischer Stammesrivalität krank sind, hat man noch eine gewisse Kriegslust bewahrt. In den entwickeltsten Ländern hat man, seitdem einige Errungenschaften der Arbeiterklasse fest in der Gesellschaft verankert sind, keine Lust mehr zu Revolutionen oder Bürgerkriegen, die früher so sehr zur Unterhaltung beigetragen haben. Abgesehen von Waffenhändlern, einigen großen Finanziers von sehr spezialisierten Industriezweigen und den Berufsmilitärs (oder denen, die ohne es zu sein, eine militärische Berufung spüren – das sind die Schlimmsten!), findet die Kriegslust keine ernsthafte Unterstützung des Volkes mehr – die früher nie gefehlt hat. Nur der extreme Nationalismus, die mit dem modernen Individualismus am meisten übereinstimmende Form der geistigen Kollektivierung – die Nationalisten sind verschämte Individualisten, Individualisten als Gruppe –, pumpt weiterhin Hirnlose mit Adrenalin voll, die in der heutigen Zeit noch fähig sind, zu töten oder zufrieden zu sterben.

Aber, wirst du mir sagen, wenn die Mehrheit kein Interesse mehr am Krieg hat – warum geben wir dann weiter so viel Geld aus für Heere, Jagdbomber, Panzer und Raketen mit Atomsprengköpfen? Ist jetzt nicht der Augenblick gekommen, den Krieg wirksam zu verbieten, das heißt, ihn unmöglich zu machen, ihn zu verhindern? Du hast vollkommen Recht. Denn genau darum müsste es gehen – ihn zu verhindern, es ist genug gejammert und gezetert worden. Während mehrerer Jahrzehnte war das so genannte »Gleichgewicht des Schreckens« zwischen den beiden großen Atommächten, die die Welt unter sich aufgeteilt hatten, kein Friede, sondern eher ein Einfrieren des Krieges. Der Preis, der dafür gezahlt werden musste, war sehr hoch: eine permanente brutalisierende Drohung der totalen Vernichtung des Lebens auf dem Planeten und riesige Ausgaben für die technisch fortgeschrittenste Bewaffnung. Im Übrigen hat dieses »Gleichgewicht« zwischen Verrückten zahllose kleinere, aber schreckliche Kriege wie den Vietnamkrieg, Invasionen wie die der Tschechoslowakei durch die Sowjetunion 1968, Militärputsche der schlimmsten repressiven Sorte (Chile 1973) nicht verhindert. Die so genannten »neutralen« Länder haben ihre Neutralität dem Meistbietenden verkauft, die Verbündeten gehorchten mit logischer Unterwerfung ihrem Atomherrn, und die Bedrohung, dass die Atomwaffen in dritte, vierte oder fünfte Hände gerieten, nahm in keinem Moment ab. Die finstersten Diktatoren wurden geduldet oder sogar von den Amerikanern (wenn sie sich zu Feinden des Kommunismus erklärten) oder von den Russen (wenn sie ihre Feindschaft zum Yankee-Imperialismus beteuerten) unterstützt. Es war eine Zeit der kontrollierten Kriege, mit einer mehr oder weniger durch die Interessen und die Fehlkalkulationen der beiden Supermächte regulierten zerstörerischen Intensität. Heute ist dieses Schrecken erregende Gleichgewicht aufgrund des Zusammenbruchs des so genannten kommunistischen Systems der Sowjetunion zerstört – statt des in der »Internationale« versprochenen »letzten Gefechts« trat – für viele überraschend – die »letzte Verwesung« des totalitären Systems ein. Das bedeutet aber nicht, dass die Bedrohung der massiven Zerstörung durch Atomwaffen völlig verschwunden ist. Die Welt ist unglücklicherweise immer noch voller Atomarsenale. Und das Schauspiel, das etwa zehn ehemalige Sowjetrepubliken liefern, die mit ihnen ausgerüstet sind und untereinander in Streit liegen, ist auch nicht gerade beruhigend. Aber alles in allem haben sich die Dinge radikal geändert. Der alte »Kalte Krieg« ist zu Ende und jetzt sind mit Zustimmung der beiden früheren Rivalen die »heißen« Konflikte wieder möglich, wie der Krieg am Persischen Golf gezeigt hat. Die gegenwärtige Einstellung gegen den Krieg muss die neuen Umstände berücksichtigen oder sich mit selbstgefälligen Gesten zufrieden geben. Wenn man vom ewigen Frieden träumt, muss man unbedingt die Tatsachen gut kennen.

Grob gesagt kann man zwei Arten von Kriegsgegnern – also von Leuten, die erreichen wollen, dass die Menschen darauf verzichten, ihre Konflikte mit Waffengewalt auszutragen – unterscheiden. Ich meine damit die zwei Personengruppen, die in dieser Hinsicht die Mindestanforderungen an eine politische und intellektuelle Anständigkeit erfüllen. Die, die nur im Hinblick auf die Heere ihrer Gegner »Pazifisten« sind, aber ihre eigenen als gerechtfertigt und sogar als heldenhaft ansehen, interessieren uns hier nicht. Diese Schurken suchen keinen Frieden, sondern den Vorteil im Krieg. Trotzdem wäre es ungerecht, wenn ihr schlechter Ruf auf alle existierenden Antikriegsbewegungen zurückfallen würde. Dort gibt es nämlich viel versprechende Ansätze. Du kennst ja meine Meinung in dieser Hinsicht: Man kann die ganze anständige Politik nicht auf den Antimilitarismus beschränken, aber ohne Antimilitarismus gibt es, glaube ich, keine anständige Politik.

Die *erste* der beiden Arten der Kriegsgegner sind die Pazifisten, im radikalsten und wahrsten Sinn des Wortes. Für sie ist der Krieg niemals zu rechtfertigen, denn er hat seinen

Ursprung immer in der Habsucht und Eitelkeit der Menschen. Der gewaltsame und bewaffnete Widerstand gegen das Böse ist auch eine Form des Bösen, auch wenn es für ihn eine bessere Entschuldigung geben kann – zum Beispiel die Selbstverteidigung oder die Verteidigung des internationalen Rechts – als für die Aggression und die Eroberung. Kurz gesagt, kein sozialer oder politischer Wert rechtfertigt es, dem Nächsten das Leben zu nehmen, so unerwünscht und bedrohlich er auch für uns sein kann. Diese achtenswerte Einstellung ist natürlich nicht politischer, sondern ganz und gar religiöser Natur, auch wenn ihre Vertreter keine organisierte Kirche für sich beanspruchen. Diese Haltung ist nur mit großer Schwierigkeit ohne Widersprüche aufrechtzuerhalten, weil sie eine Vorstellung von der Gesellschaft als Gemeinschaft im alten Sinn des Wortes beinhaltet. Diese Gesellschaft wäre brüderlich und ohne andere Reaktionsmöglichkeit auf die Unordnung als die Missbilligung durch die Gerechten. Tatsächlich, die Gewalt der Heere gleicht der der Polizei. Auch der Wucherer ist so habgierig wie der, der spart, der investiert und der ganz allgemein irgendein Eigentum als seines verteidigt. Deshalb haben die ersten Christen, die in einem gewissen – sicher kurzen – Zeitraum in diesem Sinne Pazifisten waren, sich nicht nur geweigert, zur Verteidigung des römischen Imperiums zu den Waffen zu greifen. Sie haben auch keine Prozesse geführt, um ihr Recht zu verteidigen. Sie haben keinen Schutz der damaligen Stadtgouverneure beansprucht, kein Geld gegen Zinsen verliehen und auch nicht in Geschäfte investiert. Sie lehnten alle öffentlichen Institutionen ab, die irgendwie auf staatlicher Gewalt gegen die Gesetzesbrecher oder auf persönlichem

Luxus beruhten – das heißt, sie lehnten *alle* öffentlichen Institutionen ab, auch wenn sie ihnen in einem bestimmten Augenblick hätten nützlich sein können. Das Üble daran ist, dass man sehr davon überzeugt sein muss, dass unser wahres Reich nicht von dieser Welt ist, um so heilig zu handeln. Wenn man darauf verzichtet, die pazifistische Überzeugung bis zu diesem Extrem zu treiben, und man weltliche Kompromisse mit der gültigen irdischen Ordnung zu schließen versucht, sind die Ergebnisse so zweifelhaft und sogar so anbiedernd wie ein päpstlicher Rundbrief. Ich glaube, dass dieser Pazifismus zu einer Art der Selbstbestätigung wie so viele andere werden kann: Er hilft dem, der ihn predigt, um sich für besser zu halten als die Welt, die ihn umgibt (in dem gleichen Sinn, in dem sich der Staatsanwalt gewöhnlich für besser hält als der Angeklagte). Aber nur in sehr geringem oder gar keinem Maß hilft er, die Welt selbst zu verbessern. Ich gebe zu, dass diese Meinung daher kommen kann, dass ich, wie du weißt, ziemlich wenig von einem Heiligen habe.

Das *zweite* Modell ist das, was ich *antimilitaristisch* nenne. Hierbei handelt es sich nicht um eine religiöse, sondern um eine rein politische Einstellung. Sie sieht die bewaffnete Gewalt nicht als das absolute Böse an, sondern als ein klares, sehr schweres Übel, aber nicht als das einzige und schlimmste von allen. Sie betrachtet die Gewalt durch das Militär als eine Bedrohung der besseren politischen Möglichkeiten der heutigen Zeit – der Universalisierung der individuellen Freiheiten, der Beachtung der Menschenrechte, der Förderung der Demokratie und der Bildung, der Stärkung der neuen Lösungen – anstatt des bedingungslosen Festhaltens an hierarchischen oder patriotischen Symbolen –, der Wirtschaftshilfe an die Länder, in denen Hunger, Krankheiten oder Rückschritt existieren usw. Die militärische Denkweise – Freund der Disziplin, aber nicht der Kritik, der Gleichförmigkeit, aber nicht der Unterschiede – ist wenig mit dem demokratischen Geist vereinbar, der mir gefällt. Und der ständige Aderlass durch die Militärausgaben, die immer drückender werden, hindert die unterentwickelten Länder, zu wachsen, und die entwickelteren, ihnen wirtschaftlich so zu helfen, wie sie sollten. Dennoch bedeutet die Feststellung, dass die Heere überflüssig sind, nicht ohne weiteres die Forderung, sie abzuschaffen. Der Antimilitarismus geht vor allem von folgendem Grundsatz aus: Keine politische Einrichtung – wie der Krieg oder das Militär – kann wirksam abgeschafft werden, wenn man sie nicht durch eine andere stärkere und in der Praxis zufriedenstellendere Institution ersetzt. Die Gewalt unter Familien, Stämmen und Einzelpersonen wurde politisch durch die Institutionalisierung des Staates eingedämmt, der das Gewaltmonopol innerhalb seines Territoriums besaß. Aber die Staaten verharren untereinander in der gleichen Situation der unbeschränkten Konfrontation, in der die Stämme und Familien lebten, bevor sie sich der staatlichen Autorität unterwarfen. Daher kann nur die Einsetzung einer über den einzelnen Nationen stehenden Autorität, die die Länder zum Verzicht auf den Einsatz der Gewalt unter sich bewegen kann – zweifellos mit Hilfe der Drohung einer größeren Gewalt –, das Ende des Zeitalters der Kriege, in dem die Menschheit bis heute lebt, garantieren. Diese wenn auch ferne Möglichkeit scheint heute weniger utopisch als in früheren Zeiten, zum Beispiel in der Epoche des »Gleichgewichts des Schreckens«. Daher fördert der Antimilitarist alles, was hilft, um folgende Lösungen zu beschleunigen:

– Ersatz des Wehrdienstes für alle durch verkleinerte, grundsätzlich defensive Berufsheere, die mit der unheilvollen und kriegerischen Idee des Heeres als »Volk in Waffen«, »Rückgrat der Nation« usw. Schluss machen und das Heer eher anderen Diensten der öffentlichen Ordnung wie der Polizei und der Feuerwehr gleichstellen.

– Unterstützung internationaler Autoritäten wie der UNO und jeder anderen Institution, die dazu berufen ist, das gemeinsame Recht der einzelnen Menschen gegenüber dem der Nationen zu verteidigen. Diese Organisationen sind heute (und zweifellos auch morgen und übermorgen) voller Mängel und können erst dann voll arbeiten, wenn sie die entschiedene Unterstützung der Großen unserer Welt erhalten (zum Beispiel der Vereinigten Staaten). Aber die Großen, ob es uns gefällt oder nicht, arbeiten grundsätzlich nur zusammen in Übereinstimmung mit dem, was durch unmittelbare Interessen diktiert scheint. Daher ist es unvermeidlich, dass die über den Nationen stehende Autorität für längere Zeit mehr einem Imperium gleicht als einer Versammlung von Republiken, ganz zu schweigen von einem Weltparlament, das direkt von allen Bürgern gewählt wird. Winston Churchill, der englische Premierminister während des Zweiten Weltkrieges, sagte einmal: »Die Nationen haben keine Freunde, nur Interessen.« Es geht darum, wie man eine Art allgemeiner interessierter Freundschaft unter den Nationen erreichen kann.

– Wirksame Kontrolle des Waffenhandels, der vor allem einen wirtschaftlichen Anreiz für die internationale Kriegslust darstellt.

– Wirtschaftliche, politische und bildungsmäßige Entwicklung der Länder, in Übereinstimmung mit den Voraussetzungen der revolutionären Modernität, die grundsätzlich seit dem 18. Jahrhundert in Europa und Nordamerika eingeführt ist. Kurz gesagt: Vereinheitlichung des demokratischen Vorgehens und bedingungslose Einhaltung der Menschenrechte. Nur dadurch wird die unvernünftige und historisch unheilvolle Schranke der so genannten »nationalen Souveränität« überwunden. Die daraus folgende Achtung der kulturellen Vielfalt und der Lebensformen darf aber nicht auch für den religiösen oder nationalistischen Fanatismus gelten, der die Bedingungen für den demokratischen Individualismus ganz offen verletzt. Den Fortschritt der modernen Welt allgemein ausdehnen heißt nicht einfach »mehr Technik für alle«, sondern »demokratische Bürgerschaft für alle«.

Der Antimilitarismus ist keine Lehre von der Erwartung des Tausendjährigen Reiches nach der Wiederkunft Christi. Eine Zähmung des Fanatismus würde also kaum so ohne weiteres die Herrschaft des Glücks auf der Erde bringen. Es wird weiter Ungerechtigkeit, Lügen, Katastrophen und zweifellos auch Verbrechen geben. Nicht mehr und nicht weniger als in irgendeinem der besten modernen Staaten, zu denen wir es heute gebracht haben. Aber die liberale – das heißt gegen den totalen Staat und die Gleichmacherei gerichtete – Denkweise akzeptiert, dass es diese Übel weiter gibt. Würde man nämlich die Übel per Erlass unterdrücken, dann würde das auch die Unterdrückung der Freiheit der Menschen bedeuten. Die besteht darin, das Schlechte, aber auch das Gute tun zu können (sogar Dinge, die heute schlecht scheinen und sich morgen als gut herausstellen können). Es soll vermieden werden, dass die menschlichen Gesellschaften, so wie wir sie jetzt kennen, vom Militär abhängig und kriegslüstern werden. Wir werden ja sehen. Im Übrigen, wer sich wegen dieser ekelhaften Welt beschweren will, soll sich direkt an den Stickstoff wenden oder … an den Waffenmeister. Ich bedaure, aber ich müsste dich anlügen, wenn ich versuchen würde, dir etwas Angenehmeres zu sagen.

Lies noch was

»Doch was ist der Krieg? Was braucht es zum Erfolg bei militärischen Aktionen? Wie sind im Militärstand die Sitten? Das Ziel des Krieges ist der Mord, das Handwerkszeug des Krieges: Spionage, Verrat und Anstiftung dazu, Ruin der Einwohner, ihre Beraubung oder Diebstahl, um die Armee zu versorgen, und Lüge und Betrug, was man Kriegslist nennt. Die Sitten des Militärstandes aber sind: völliger Mangel an Freiheit, was man als Disziplin bezeichnet, Müßiggang, Rohheit, Grausamkeit, Unzucht und Unmäßigkeit. Und trotz alledem ist dies der höchste Stand, der von allen geachtet wird. Alle Kaiser, außer dem von China, tragen Militäruniformen, und dem, der die meisten Menschen totgeschlagen hat, werden die größten Auszeichnungen zuteil.

Völker stoßen zusammen, wie es morgen der Fall sein wird, um einander zu morden. Sie schlagen sich tot, machen tausende von Menschen zu Krüppeln, und dann werden Dankgottesdienste abgehalten dafür, dass so viele Menschen erschlagen worden sind, deren Zahl man dabei gerne noch übertreibt, und der Sieg wird ausposaunt, und man denkt, je mehr Leute man totgeschlagen habe, umso größer sei das Verdienst.«

Leo N. Tolstoi, *Krieg und Frieden*

»Wissen Sie, Fontanes, was ich am meisten bewundere? Die Ohnmacht der Gewalt, etwas zu behalten. Es gibt nur zwei Mächte in der Welt: das Schwert und den Geist. Auf die Dauer wird das Schwert immer durch den Geist besiegt.«

Napoleon Bonaparte

»Die *Menschheit* als solche kann keinen Krieg führen, denn sie hat keinen Feind, wenigstens nicht auf diesem Planeten. Der Begriff der Menschheit schließt den Begriff des Feindes aus, weil auch der Feind nicht aufhört, Mensch zu sein, und darin keine spezifische Unterscheidung liegt. Dass Kriege im Namen der Menschheit geführt werden, ist keine Widerlegung dieser einfachen Wahrheit, sondern hat nur einen besonders intensiven politischen Sinn. Wenn ein Staat im Namen der Menschheit seinen politischen Feind bekämpft, so ist das kein Krieg der Menschheit, sondern ein Krieg, für den ein bestimmter Staat gegenüber seinem Kriegsgegner einen universalen Begriff zu okkupieren sucht, um sich (auf Kosten des Gegners) damit zu identifizieren, ähnlich wie man Frieden, Gerechtigkeit, Fortschritt, Zivilisation missbrauchen kann, um sie für sich zu vindizieren und dem Feinde abzusprechen.«

Carl Schmitt, *Der Begriff des Politischen*

»Das einzige entscheidende Heilmittel gegen den Krieg besteht in der Schaffung eines weltumfassenden oder Überstaates, der stark genug ist, mit Hilfe des Gesetzes alle internationalen Konflikte beizulegen. Ein solcher weltumfassender Staat ist nur dann denkbar, wenn alle Teile der Welt so eng miteinander verbunden sind, dass es keinem von ihnen gleichgültig sein kann, was in den anderen passiert.«

Bertrand Russell, *Dictionary of Mind, Matter and Morals*

»Man sagt gewöhnlich: Es hat immer Kriege gegeben, also wird es sie auch immer geben. Diese empirischen Prophezeiungen sind in ihrer Logik völlig trügerisch. Ihre substantielle Wahrheit, falls sie stimmen, hängt davon ab, ob es zutrifft, dass es zu allen Zeiten die gleiche kosmische und menschliche Natur gibt. Ich kann mit Bestimmtheit sagen: ›Alle Menschen der Vergangenheit sind gestorben, also werden auch in Zukunft alle Menschen sterben.‹ Denn alle zukünftigen Menschen werden Wesen sein, die aus einem Samen geboren und mit Organen für die Fortpflanzung ausgestattet sind, nicht für die Unsterblichkeit. Eine andere Art Wesen wäre kein Mensch. Aber wenn jemand im Altertum gesagt hätte: ›Die Väter haben immer ihren Erstgeborenen geopfert, also werden sie dies immer weiter tun‹, dann hätte sich dieser Prophet geirrt. Und zwar aufgrund der Tatsache, dass das Opfer des Erstgeborenen kein notwendiger

Teil des Fortpflanzungsmechanismus ist; es ist nicht in der Vaterschaft enthalten, wie der Tod nicht im Leben. Die Menschheit kann überleben – und besser überleben – ohne solche Opfer.«

George Santayana, *Dominations and Powers*

Kapitel 8

Frei oder glücklich?

In einer freien und demokratischen Gesellschaft zu leben ist sehr, wirklich sehr kompliziert. Im Grunde genommen waren die großen Totalitarismen des 20. Jahrhunderts – Kommunismus, Faschismus, Nationalsozialismus und wie sie alle heißen – Versuche, die Vielschichtigkeit der modernen Gesellschaft mit Gewalt zu vereinfachen. Sie sind riesige Dummheiten, kriminelle Dummheiten, die versuchen, zu irgendeiner naiven, ursprünglichen hierarchischen Ordnung zurückzukehren, in der jeder an seinem Platz war und alle zur Mutter Erde und dem Großen Allgemeinen Ganzen gehörten. Der Feind ist immer der Gleiche: der Einzelne, egoistisch und entwurzelt, launenhaft, der sich von der beschützenden sozialen Einheit losreißt und sich zu viele Freiheiten herausnimmt. Die totalitären Systeme machen sich immer über die »formalen oder bürgerlichen« Freiheiten lustig, die in den offensten Regierungssystemen gültig sind. Sie machen sie lächerlich, beweisen ihr Versagen, halten sie für simple Bauernfängerei – aber wenn sie können, machen sie mit ihnen Schluss! Sie wissen: Trotz der scheinbaren Schwachheit und häufigen Wirkungslosigkeit der grundlegenden politischen Freiheiten kann es die totalitäre Gleichheit nicht neben ihnen geben. Wenn sie die Freiheiten erlaubt, beenden diese auf die Dauer die Herrschaft der Panzer und der Polizei.

Also ist es logisch, dass die totalitären Staaten die individuellen Freiheiten beseitigen und sich nicht damit abfinden wollen, die Macht mit jedem Bürger zu teilen. Aber die Feinde der Freiheit sind nicht immer außerhalb, sondern auch innerhalb der Individuen selbst. Ein Psychoanalytiker mit Hang zum Soziologen, Erich Fromm, schrieb vor fast einem halben Jahrhundert ein sehr interessantes Buch, dessen Titel sehr bezeichnend ist: »Die Furcht vor der Freiheit«. Das ist das Problem. Dem Bürger macht seine eigene Freiheit Angst, die Vielfältigkeit der Wahlmöglichkeiten und Versuchungen, die sich ihm eröffnen, die Fehler, die er machen kann, und die Dummheiten, die er begehen kann – wenn er will. Er befindet sich wie in einem Meer aus Zweifeln, ohne feste Bezugspunkte, und muss persönlich seine Werte auswählen. Er muss sich die Mühe machen, selbst zu prüfen, was zu tun ist, ohne dass die Tradition, die Götter oder die Weisheit der Führer ihm die Aufgabe erleichtern können. Aber vor allem macht dem Bürger die Freiheit der anderen Angst. Das System der Freiheiten ist dadurch gekennzeichnet, dass man nie dessen ganz sicher sein kann, was passieren wird. Ich fühle die Freiheit der anderen als Bedrohung, weil es mir lieber wäre, wenn sie völlig berechenbar wären, wenn sie mir gezwungenermaßen ähnlich wären und nie gegen meine Interessen handeln könnten. Wenn die anderen frei sind, können sie sich natürlich gut oder schlecht verhalten. Wäre es nicht besser, wenn sie zwangsweise gut sein müssten? Gehe ich nicht ein zu großes Risiko ein, wenn ich ihnen

ihre Freiheit lasse? Viele Menschen würden gerne auf ihre
eigene Freiheit verzichten, vorausgesetzt, dass auch die anderen keine haben. Dann wären die Dinge immer so, wie
sie sein müssen, und damit basta. Meine Freiheit ist gefährlich, weil ich sie schlecht gebrauchen und mir selbst Schaden zufügen kann. Ganz zu schweigen von der Freiheit der
anderen, weil sie sie dazu benutzen können, mir Schaden
zuzufügen. Wäre es nicht besser, mit einer so großen Unsi-
cherheit Schluss zu machen? Glaub nicht, dass es immer
die Herrscher sind, die die Freiheiten beseitigen oder aufs
Äußerste beschneiden wollen – bei zu vielen Gelegenheiten
sind es die Bürger, die diese Unterdrückung von ihnen verlangen, weil sie müde sind, frei zu sein, oder weil sie die
Freiheit fürchten. Aber wenn man einem Staat die Gelegenheit gibt, die Freiheiten »zu unserem Wohl« zu begrenzen, lässt er sie selten ungenutzt. Einige totalitäre Politiker wie Adolf Hitler gelangten durch Wahlen an die
Macht. Es ist also schon passiert, dass die freien Bürger
ihre Freiheit benutzen, um die Freiheiten zu beseitigen,
und dass sie die demokratische Mehrheit dazu benutzen,
die Demokratie abzuschaffen.

Die bürgerlichen Freiheiten setzen *Verantwortung* voraus, ein Begriff, dem wir bereits in *Tu, was du willst* die ge-
bührende Beachtung geschenkt haben – du erinnerst dich
doch hoffentlich noch. Verantwortlich zu sein heißt, auf das
»antworten« zu können, was man getan hat, indem man es
als eigene Handlung anerkennt. Eine solche Antwort hat
zumindest zwei wichtige Aspekte: Erstens, zu sagen, »Ich
bin es gewesen«, wenn die anderen wissen wollen, wer das
gemacht hat, was direkt zu diesen oder jenen Ergebnissen

geführt hat (schlechten, guten oder gleichzeitig schlechten und guten). Zweitens, Gründe angeben zu können, wenn man uns fragt, warum wir das und das gemacht haben. »Antworten« – das brauche ich dir nicht zu sagen – hat mit »sprechen« zu tun. Und das bedeutet, mit den anderen in sprachliche Kommunikation einzutreten. In einer Demokratie kann die Wahrheit nie ausschließlich derjenige besitzen, der handelt, sondern sie wird in einer mehr oder weniger hitzigen Debatte mit den übrigen Mitgliedern der Gesellschaft festgelegt. Auch wenn man glaubt, gute Gründe zu haben, muss man bereit sein, die der anderen anzuhören, ohne sich radikal hinter den eigenen zu verschanzen. Fehlt diese Bereitschaft, führt das zur Tragödie oder zum Wahnsinn. Don Quijote (in dem Roman des spanischen Abenteurers und Schriftstellers Cervantes) hielt sich selbst für einen fahrenden Ritter, aber er hätte ab und zu auf die Meinung der anderen hören und die soziale Auswirkung seiner fragwürdigen »Heldentaten« abschätzen müssen. Wenn er das nicht tut, dann, weil er verrückt ist, das heißt, weil er verantwortungslos geworden ist. Die eigenen Handlungen anzuerkennen und sie vor den anderen rechtfertigen zu können bedeutet natürlich nicht, immer auf die eigene Meinung zu verzichten, um sich der Mehrheitsmeinung zu beugen. Die verantwortungsvolle Person muss aber auch bereit sein, nachdem sie ihre Gründe dargelegt hat und die anderen nicht überzeugen konnte, den Preis – in Form von Zensur oder Strafe – für ihre Abweichung in Kauf zu nehmen. Das Verhalten des Sokrates (das Platon im Dialog »Kriton« beschreibt) – als er sich weigert, aus dem Gefängnis zu fliehen, und lieber die Todesstrafe auf sich nimmt, ohne seine Ideen zu verraten – stellt das klassische Beispiel für höchste staatsbürgerliche Reife dar.

Es gibt Verantwortungslose verschiedenster Art: Erstens gibt es die, die nicht zugeben, dass *sie* dies oder das gemacht haben, und sagen: »Ich war es nicht, es waren die Umstände.« Sie haben nichts getan, sondern wurden vom politischen und wirtschaftlichen System dazu gedrängt, von der Werbung, dem Beispiel der anderen, ihrer Erziehung (oder ihrem Fehlen), ihrer unglücklichen Kindheit, ihrer zu glücklichen und verwöhnten Kindheit, den Befehlen der Vorgesetzten, dem allgemeinen Brauch, einer unwiderstehlichen Leidenschaft, dem Zufall usw. Auch die Ahnungslosigkeit ist ein Beweggrund: Da ich nicht wusste, dass meine Handlung solche Folgen nach sich ziehen würde, halte ich mich nicht für sie verantwortlich. Beachte, dass man für das völlige Verständnis der Handlungen einer Person sehr wohl ihre Vorgeschichte und Umstände berücksichtigen muss. Aber es ist eine Sache, sie zu berücksichtigen, und eine andere, sie in Schicksalsschläge zu verwandeln, die jede Möglichkeit beseitigen, dass der Einzelne für seine Handlungen verantwortlich ist. Natürlich tritt diese Weigerung, Subjekt zu sein, um sich in bloße Objekte zu verwandeln, die von den Umständen abhängig sind, nur dann ein, wenn die Folgen der Tat, die man uns anlastet, wenig angenehm sind. Sucht man dagegen den Verantwortlichen für etwas, um ihm einen Orden oder Preis zu verleihen, erklären wir alle sofort mit größtem Stolz: »Ich bin es gewesen«. Es passiert nicht oft, dass jemand sagt, nicht er sei es gewesen, sondern die Umstände oder der Zufall, wenn man ihn für eine heldenhafte Tat oder eine geniale Erfindung loben will.

Eine andere Form der Verantwortungslosigkeit ist der *Fanatismus*. Der Fanatiker weigert sich, irgendwelche Erklärungen abzugeben: Er predigt seine Wahrheit und lässt sich zu keiner weiteren Diskussion herab. Weil er allein den richtigen Weg weiß, können die, die ihn in Frage stellen, das nur aus niederen Instinkten oder schmutzigen Interessen tun. Oder sie sind geblendet von einem Dämon, der sie nicht das Licht sehen lässt. Der Fanatiker hält sich auch nicht vor seinen Mitbürgern für verantwortlich, sondern nur vor einer höheren und natürlich nicht nachprüfbaren Instanz – vor Gott, der Geschichte, dem Volk oder Ähnlichem. Die Rücksichtnahme und die üblichen Gesetze wurden nicht für ihn, der eine bedeutende Mission zu erfüllen hat, gemacht. – Im Allgemeinen weniger terroristisch, aber dagegen weiter verbreitet ist die Verantwortungslosigkeit, die wir *bürokratisch* nennen könnten. Sie trifft auf die Verwaltungs- und Regierungsinstitutionen zu. Da steht niemand für das, was er tut oder nicht tut, gerade: Immer ist der Zuständige ein anderer, wird das in einem anderen Amt bearbeitet, sind es die Vorgesetzten, die entschieden haben (aber man weiß nie, welche), oder sind es die Untergebenen, die es falsch verstanden haben (ab und zu rollt tatsächlich der Kopf bei irgendeinem unbedeutenden Posten, aber immer um zu verhindern, dass man die wahren Verantwortlichen weiter oben sucht). Der Stil der bürokratischen Verantwortungslosigkeit ist dadurch gekennzeichnet, dass nie jemand zurücktritt, egal was passiert – weder wegen politischer Korruption, Unfähigkeit der Minister, schwerer Fehler, die die Bürger aus ihrer Tasche bezahlen müssen, noch wegen offensichtlicher Wirkungslosigkeit in der Beseitigung der Übel, die versprochen war.

Weil der Herrscher sich für nicht verantwortlich hält, sorgt er dafür, dass das Netz der Institutionen ihm hilft, straffrei zu bleiben. Jedes Anprangern von Missbräuchen, so begründet es auch sein mag, wird als bösartige Kampagne der politischen Gegner angesehen. Und auf die Empörung des Fußvolks, die sich in den Medien Luft macht, wird das alte Prinzip angewandt: »Kläfft nur, ihr werdet euch schon beruhigen.« Diese Art der Verantwortungslosigkeit der Regierung wird durch die derjenigen ergänzt, die meinen, sie brauchten für nichts geradezustehen. Die Regierung muss ja alle Probleme lösen. Wieder haben wir hier die totalitäre Denkweise, die aus dem Staat und seinen Vertretern etwas Absolutes macht, während es außerhalb des Staates nur Machtlosigkeit gibt. In der demokratischen Gesellschaft können und müssen wir Bürger unser Recht einfordern – in gewissem Maß ist das sogar unsere Pflicht –, uns einzumischen, zusammenzuarbeiten, wachsam zu sein und zu helfen, wenn es uns notwendig erscheint. Es gibt zum Beispiel Leute, die, anstatt zu jammern, dass die Ausländer unsere Sprache nicht sprechen, sich freiwillig anbieten, sie ihnen beizubringen. Dafür opfern sie ihre Freizeit. Andere unterstützen durch persönlichen Einsatz oder mit ihrem Geld soziale Organisationen (Bildungseinrichtungen, antirassistische Bewegungen, Hilfsorganisationen) oder private Institutionen wie Amnesty International, Menschenrechtsorganisationen oder Organisationen wie »Ärzte ohne Grenzen«, deren Arbeit für die Verbesserung der gegenwärtigen Gesellschaft unerlässlich ist. Wer sich nie im demokratischen Bewusstsein aufgefordert fühlt, das zu tun, was er für notwendig hält, kann sich nicht damit entschuldigen – so laut er auch jammert –, dass »die Regierungen« auch nichts tun. Ohne dass ich die Verantwortlichkeit des Einzelnen im Mindesten bestreite: Wir müssen unsere soziale *Mitverantwortung* anerkennen, wenn wir Situationen in unserer Nähe nicht verhindern, die wahrscheinlich zu Verbrechen führen oder in Katastrophen enden.

Reden wir Klartext: Die Verantwortungslosen sind die größten Feinde der Freiheit, ob sie es wissen oder nicht. Wer keine Verantwortung übernimmt, lehnt im Grunde genommen die bürgerlichen Freiheiten ab, die unsinnig sind, wenn man sie von der Verpflichtung trennt, dass jeder für sich selbst haftet. Freiheit bedeutet *Selbstkontrolle:* Entweder haben wir einen Polizisten, einen Arzt, einen Psychologen, einen Lehrer und sogar einen Priester neben uns, die uns sagen, was wir in jedem Fall tun müssen, oder wir treffen unsere Entscheidungen selbst und können uns dann den Folgen stellen – den guten und den schlechten. Denn frei zu sein bedeutet auch, sich zu irren und sogar sich selbst zu schaden, wenn man von seiner Freiheit Gebrauch macht. Wenn uns, weil wir frei sind, nie etwas Schlechtes oder Unangenehmes passieren kann – dann liegt das daran, dass wir nicht frei sind. Letzten Endes setzt die Aufklärung, die Mitte des 18. Jahrhunderts in die moderne Demokratie mündete, voraus – wie schon der alte Immanuel Kant seinerzeit betonte –, dass wir Menschen aus der politischen Minderjährigkeit herausgewachsen sind. Wenn wir erwachsen sind, können wir uns als Gleiche vor dem Gesetz und als Freie organisieren; andernfalls brauchen wir einen Überpapi, der uns vor uns selbst verteidigt, der unsere Fähigkeit, frei zu handeln, einschränkt, orientiert und verwaltet.

Selbstverständlich hat der Posten des Übervaters einen Kandidaten, der sich freiwillig zur Verfügung stellt und alle Trümpfe ausspielen kann, um den Titel zu gewinnen – du weißt sicher schon, dass ich den Staat meine. Den bürokratischen Drang, den Staat zu unserem Vater anstatt zu unserer Geschäftsführung zu machen (die Manie also, die von all denen unterstützt wird, die gegenüber dem Staat schüchtern oder kindlich sind, sich am liebsten von ihm verhätscheln lassen, anstatt auf erwachsene und gleichberechtigte Art mit ihm umzugehen), nennt man im Allgemeinen *Paternalismus*. Und der hat meistens Erfolg – du wirst es nicht glauben.

Von den kindischen Unverantwortlichen gibt es zwei Arten: die, die vor den anderen Angst haben, und die, die vor sich selbst Angst haben. In beiden Fällen ist die letzte Konsequenz die gleiche: Je mehr Verbote es gibt, desto sicherer und zufriedener sind sie. Da sie den Staat als ihren großen Vater betrachten, beten sie ihn auf ihre Weise an und bitten: »Und führe uns nicht in Versuchung«. Denn alle Unverantwortlichen glauben statt an die Freiheit (die eine schöne, aber sehr riskante Angelegenheit ist) an den Mythos der *unwiderstehlichen Versuchung*. Das heißt, sie glauben, dass es gewisse Bilder, Worte, Substanzen, Verschwörungen oder was auch immer gibt, die uns automatisch und unwiderstehlich verführen. Bis zu einem Punkt, wo keine Verteidigung mehr möglich ist, weil jede Entscheidungsfähigkeit in uns zerstört ist. Also besteht die einzige Rettung darin, dass Vater Staat kommt und die Versuchung verbietet; solange er eine Versuchung übrig lässt, besteht weiterhin Gefahr, denken die Ärmsten. Ich sagte bereits, sie sind sehr kindisch. Sie kapieren nicht, dass die Sache mindestens zwei unlösbare

Probleme hat: Erstens macht man eine Versuchung umso verführerischer, je mehr man sie verbietet und verfolgt. In den meisten Fällen sind wir uns erst dann bewusst, wie viel uns daran reizt, wenn man uns die verbotene Frucht zeigt. Und wenn die Frucht nicht nur verboten, sondern streng verboten ist – stell dir vor, wie groß das Vergnügen dann erst ist! Zweites Problem: Jeder von uns hat seine eigenen Versuchungen, je nach seinen speziellen Phantasien. Das heißt, jeder will *allen* verbieten, was *ihm* Probleme bereitet und bei ihm oder seiner Familie Schweißausbrüche hervorruft. Ich erinnere mich an ein Radiointerview mit einer Frau, die sich mit gewissem Stolz als »spielsüchtig« bezeichnete, als süchtig nach Spielautomaten. Sie erzählte von der Faszination, die die Automaten in den Kneipen auf sie ausübten, von ihrem berauschenden Gedudel, der Erregung, den großen Preis zu gewinnen. Die gute Frau verspielte das Geld ihrer Familie, lieh sich Geld und verspielte in diesen »einarmigen Banditen« alles bis aufs Hemd. Am Schluss ihrer Erzählung rief sie mit tugendhafter Empörung: »Diese schlimmen Automaten müssten verboten werden!« Der Interviewer, der nicht besonders klug zu sein schien, unterstützte sie noch mit seiner Zustimmung, anstatt einfach zu sagen: »Hören Sie doch auf zu spielen.« Viele Leute gehen in Kneipen mit Spielautomaten und spielen nicht oder werfen nur ein paar Münzen ein, um sich zu unterhalten, aber die Frau wollte, dass man der ganzen Welt das verbietet, was ihr und genauso schwachsinnigen Leuten Probleme bereitet. Die Schuld hatte der dudelnde Apparat, nicht ihre eigene unverantwortliche Sucht.

Es gibt zahllose ähnliche Beispiele. Wegen ihrer sozialen

Folgen sind die *Drogen* das wichtigste. Seit ihrem Verbot und ihrer Verfolgung hat man einen wahren internationalen Kreuzzug gestartet. Man hat daraus das unwahrscheinlichste Geschäft des Jahrhunderts gemacht (es gibt nichts, was wirtschaftlich so einträglich ist wie die Versuchungen). Es gibt immer mehr Delikte im Zusammenhang mit Drogen, mehr Rücksichtslose, die mit ihnen handeln, mehr Tote aufgrund der Verunreinigung oder Überdosis eines unkontrollierten Produktes (stell dir vor, was passieren würde, wenn du ein Aspirin nimmst und nicht wüsstest, wie viel Acetylsalicylsäure oder andere Substanzen, wie Strichnin oder Zement, darin enthalten sind), mehr Leichtgläubige, die danach streben, ins Paradies oder in die Hölle des Verbotenen zu gelangen, um dem Alltäglichen zu entfliehen. Wäre es nicht wirkungsvoller, die Drogen zu erlauben, sie zu entkriminalisieren – das würde mit dem Geschäft der Mafia Schluss machen – und über die Folgen ihres Gebrauchs und vor allem Missbrauchs ohne großes Theater zu informieren? Erinnere dich daran, was in den USA während der so genannten Prohibition (dem staatlichen Alkoholverbot in den 20er Jahren) geschah: Vorher hatten die Betrunkenen nur mit dem Alkohol Probleme, nachher mit dem Alkohol – und mit Al Capone. Versuchungen kann man nicht mit Verboten bekämpfen. Sie fördern sie nur und schaden außerdem den Personen, die ihre Freiheit besser nutzen und daher die Sachen gebrauchen können, ohne sie zu missbrauchen. Immer wird es jemanden geben, der alles in seiner Reichweite – die Chemie, die Erotik, die Politik, die Religion, was auch immer – benutzt, um sich selbst zu zerstören oder sich für seine Sünden zu bestrafen. Aber das Einzige, was man tun kann, wenn wir eine erwachsene, keine unterdrückte Gesellschaft wollen, ist die Erziehung der freien Individuen zur Mäßigkeit und ihre Vorbereitung auf die Vernunft. Sollen wir etwa, weil jemand aus dem sechsten Stock springt, nur noch einstöckige Häuser bauen?

Diese Überlegungen führen uns zur schwierigen Frage der *Toleranz*. Sie ist direkt mit dem verbunden, was ich dir über die Freiheit und Verantwortung gesagt habe. In einer modernen Demokratie zu leben bedeutet, mit Gewohnheiten und Verhaltensweisen zusammenzuleben, die man ablehnt. Ich betone, dass das Zusammenleben so demokratisch ist wie das Ablehnen, und ich will dir erklären, in welchem Sinn. Fangen wir mit dem Zusammenleben an. Vom kulturellen und sozialen Gesichtspunkt aus sind die Einmütigkeit, das »Alle sind einer«, das »Hier sind wir so«, das »Wem es nicht gefällt, der kann ja gehen«, die ethnische Säuberung, die Angst vor Vermischung und vor dem Einfluss neuer Moden und Methoden usw. Formen der Barbarei, schlimmer noch: der kaltblütigen Barbarei. Die demokratische Gemeinschaft besteht aus Individuen, die in der Lage sind, sich von den Zwängen des Herkunftsortes, der Tradition und der Blutsbande zu trennen und das, was gestern noch heilige Routine war, zu einer veränderbaren Vereinbarung zu machen. – Soll das heißen, dass es keine Erinnerung und keine aktuelle Erfahrung der gemeinsamen Verbindung mehr gibt? Nein, absolut nicht. Ich will nur, dass man nicht durch das bestimmt und eingeengt wird, was man sich gar nicht ausgesucht hat. Etwas haben wir demokratisch gesehen alle gemeinsam: die Möglichkeit, mit den Zwängen unseres Ursprungs zu brechen und neue Verbindungen, Riten und Mythen zu wählen. Entschuldige meine etwas geschraubte Ausdrucksweise, aber es handelt sich hier um eine grundlegende Angelegenheit: In einer modernen Demokratie darf es nur eine einzige Grundlage geben, auf der vielfältige Realitäten beruhen. Die einzige Grundlage bilden die Gesetze – das heißt das abstrakte, förmliche, vereinbarte, sogar revolutionäre Element –, die für alle gleich sein, die Menschenrechte beachten und die entsprechenden Pflichten festlegen müssen. Die demokratischen Entscheidungen werden zwar von der Mehrheit getroffen, aber die Demokratie besteht nicht nur im Gesetz der Mehrheiten. Auch wenn die Mehrheit entscheiden würde, dass die Bürger schwarzer Hautfarbe oder die Anhänger der buddhistischen Religion nicht am politischen Leben teilnehmen dürften, wäre das keineswegs eine demokratische Entscheidung. Auch nicht, wenn die Mehrheit die Folter, die Diskriminierung bestimmter sexueller Neigungen oder – hier bin ich gegen etwas, was es in vielen demokratischen Ländern noch gibt – die Todesstrafe befürworten würde. Außer dass die Demokratie eine Methode der Entscheidungsfindung ist, enthält sie auch einige unwiderrufliche grundsätzliche Vereinbarungen – den Respekt vor Minderheiten, vor der persönlichen Selbstbestimmung, der Würde und der Existenz jedes Einzelnen.

Auf der Grundlage der Gesetze bildet sich die Vielfalt der Lebensformen. Wie du sicher einsiehst, können solche Formen (Überzeugungen, sexuelle Verhaltensweisen, künstlerische oder sportliche Hobbys) niemals Handlungen rechtfertigen, die in direktem Gegensatz zu den Gesetzen der Demokratie stehen. Ich habe zwar das Recht, einer Religion anzugehören, die den Frauen verbietet zu rauchen, zu wählen oder Auto zu fahren, aber ich habe nicht das demokratische Recht, zu verhindern, dass die Frauen, die es wollen, rauchen, wählen oder Auto fahren. Ich habe auch nicht das Recht, innerhalb der demokratischen Einheit eine besondere Gemeinschaft zu gründen, zu der man zwangsweise gehört (aufgrund der Geburt, der Familie, der ethnischen Herkunft) und in der Frauen nicht rauchen, wählen oder Auto fahren dürfen. Wir müssen lernen, mit Lebensstilen oder auch Ideologien zusammenzuleben, mit denen wir nicht einverstanden sind. Das soll nicht heißen, dass wir Verhaltensweisen dulden müssen, die direkt gegen die rechtlichen Prinzipien der Demokratie verstoßen. Den demokratischen Schutz der eigenen Überzeugungen und Lebensweise verlangen zu können setzt voraus, zuerst die eigene Demokratie (die weltlich, vielfältig und Verteidigerin der individuellen Menschenrechte ist) als Rahmen anzuerkennen, in den sich die Überzeugungen und Lebensformen einzuordnen haben. Oder, um es dir mit den Worten von Luc Ferry, einem zeitgenössischen französischen Philosophen, zu sagen: »Die Forderung des Rechts auf den Unterschied in der Demokratie hört auf, demokratisch zu sein, wenn sie zur Forderung nach einem Unterschied der Rechte wird.«

Und die Ablehnung? Ohne zu zweifeln versichere ich dir, dass sie für mich die legitimste demokratische Sache der Welt ist. Den anderen tolerieren – okay, aber ihm Recht geben, wenn seine Ideen verrückt sind –, davon kann keine Rede sein. Nichts stärkt das Menschliche mehr, stachelt es mehr an, als die Meinungen des Nachbarn zu diskutieren, sie zu kritisieren, sie sogar gelegentlich nicht ernst zu nehmen. Wenn du diese sündigen Zeilen liest, wirst du sicher sagen: »Aber waren wir uns nicht einig, dass man die fremden Meinungen und Überzeugungen respektieren muss?« Auf keinen Fall. Was man auf jeden Fall respektieren muss, sind die *Personen* (und ihre bürgerlichen Rechte), aber nicht ihre Meinungen oder ihr Glaube. Ich weiß, es gibt Leute, die sich mit ihren Überzeugungen identifizieren, die sie für einen Teil ihres Körpers halten. Sie brüllen auf Schritt und Tritt: »Sie haben meine Überzeugungen verletzt«, so als ob man ihnen im Bus absichtlich auf die Zehen getreten hätte. Wenn sie so empfindlich sind, ist das ihr Problem, nicht das der anderen. Ich bin einverstanden, dass es nicht sehr höflich ist, dem Nächsten auf unangenehme Weise zu widersprechen, aber wie man das macht, ist eine Frage der guten Erziehung, auf keinen Fall ist es ein Verbrechen. Das Üble ist, dass die, die sich in ihren Überzeugungen »verletzt« fühlen, glauben, das Recht zu haben, ihre Beleidiger tatsächlich körperlich zu verletzen. So ist es im Fall des angloindischen Schriftstellers Salman Rushdie, der wegen einiger angeblich gotteslästerlicher Seiten in einem seiner Bücher von fanatischen Moslems zum Tode verurteilt wurde und deshalb seit Jahren versteckt leben muss. Es gibt Personen, die neutral erscheinen wollen und sagen: »Also, das mit der Verurteilung zum Tod geht zu weit, aber Rushdie hätte nicht die Überzeugungen der Moslems verletzen dürfen, weil die ein Recht darauf haben, dass man ihre Lehren respektiert.« So ein Quatsch! Als ob jemanden in seinen Überzeugungen zu »verletzen« das Gleiche wäre, wie ihm die Kehle durchzuschneiden. Als ob die Regel guter Erziehung – die verlangt, dass es einen nichts angeht, was der Nächste glaubt – auf der gleichen Stufe steht wie das Recht, nicht durch schwachsinnige Henker ermordet zu werden.

Nur zwei Beschränkungen der Meinungsfreiheit - *des* Merkmals der Demokratie – lasse ich gelten: erstens bei offener Anstiftung zu einem Verbrechen, zur Verfolgung von Personen oder zur Zerstörung ihrer legitimen Mittel, die sie zum Leben brauchen; zweitens zum Schutz der Intimsphäre jedes Bürgers. Auch eine im Rampenlicht der Öffentlichkeit stehende Person hat das Recht auf Privatleben. Und das Recht auf Information berechtigt nicht dazu, von irgendjemandem Einzelheiten aus seinem Privatleben auszuposaunen, weil nicht alle das Recht haben, über alles informiert zu werden. Ansonsten ist alles erlaubt. – Andererseits scheint es vernünftig, eine gewisse Besonnenheit bei öffentlichen Diskussionen zu zeigen. Zum Beispiel im Fall der *Abtreibung*. Zweifellos ist sie eine sehr heikle Frage, und die Zweifel, wenn man vor einer solchen Entscheidung steht, sind vollkommen verständlich. Aber bestimmte Aussagen behindern eher eine Diskussion, anstatt zur Klärung beizutragen. Wenn man sagt, der Embryo oder Fötus sei etwas Wertvolles, weil er zu einem Menschen wird, dann ist eine vernünftige Diskussion möglich. Aber wenn man sagt, die Abtreibung sei »Mord an einem Kind«, dann kann man nur in kreischendes Schreien ausbrechen. Es ist offensichtlich, dass ein Embryo kein Kind ist, genauso wenig, wie ein Ei ein Huhn ist. Zu sagen, die Abtreibung sei »Tötung eines Kindes«, scheint mir genauso übertrieben zu sein wie zu versichern, dass man gerade »ein Omelett aus zwei Hühnern« gegessen hat. Eine derartige Argumentation macht es unmöglich, zu halbwegs harmonischen Ergebnissen zu kommen, die in so komplexen und verschiedenartigen Gesellschaften, in denen wir heutzutage leben, so notwendig sind. Dennoch ist es eine Frage der persönlichen Besonnenheit, weil das Recht auf Ablehnung einer bestimmten Meinung (was nicht zum Recht auf ihr Verbot werden darf) mir unverletzlich scheint.

Die demokratischen Gesellschaften, die auf der Freiheit und nicht auf erzwungener Einmütigkeit basieren, sind daher die konfliktreichsten, die es je in der Geschichte der Menschheit gegeben hat. Das permanente Bemühen jedes Einzelnen, zu überlegen, was ihm gefällt, das zu begründen, mit der Vergangenheit zu brechen oder in ihr neue Ideen zu suchen, auszuwählen, was getan werden muss und wer die Geeignetsten dafür sind – was für ein Akt! Welch ungeheure Verantwortung! Man wird dir sagen: »Wohin führt uns so viel Freiheit? Wären wir nicht glücklicher, wenn wir weniger frei wären?« Ich glaube, man kann von der Politik nur politische Heilmittel verlangen – und das Glück ist keine politische Angelegenheit. Die Regierungen können niemanden glücklich machen. Es reicht, wenn sie uns nicht unglücklich machen, was sie allerdings ziemlich leicht erreichen können. In den Zeiten großer politischer Begeisterung – bei Revolutionen zum Beispiel – glauben die Leute, dass die radikalen Umwandlungen nicht nur die Probleme der Gemeinschaft lösen, sondern dass sie auch jedem Einzelnen das geben, was er sich am meisten wünscht. Weil das aber nie passiert, werden die Leute von der Politik enttäuscht und der Kater nach großen Veränderungen hinterlässt oft bei ihnen Spuren innerer Unzufriedenheit. Mir scheint, wir müssen lernen, das Glück – das, was das Leben würdig macht – in offensichtlich kleineren Dingen zu suchen, die mit den großen politischen Plänen wenig zu tun haben und natürlich auch nichts mit dem Reichtum oder der Ansammlung von Besitztümern und sonstigem Gerümpel. Lies dazu das letzte der Zitate zu diesem Kapitel. Es ist ein Gedicht des argentinischen Dichters Jorge Luis Borges, das dir andeutet, was ich damit meine. Ich für meinen Teil kann nur mit einer Anekdote schließen: Bei irgendeiner Gelegenheit fragte jemand Manuel Azaña, den Präsidenten der kurzlebigen Zweiten Spanischen Republik, die durch den Militärputsch Francos beseitigt wurde: »Don Manuel, glauben Sie wirklich, dass die Freiheit die Menschen glücklicher macht?« Und Azaña antwortete: »Ehrlich gesagt, ich weiß es nicht; ich bin aber sicher, dass sie sie menschlicher macht.«

Lies noch was

»Was liegt schließlich daran, dass eine Autorität stets einsatzbereit da ist, um über die Ungestörtheit meiner Vergnügungen zu wachen, die mir alle Gefahren vorweg beiseite räumt, ohne dass ich daran zu denken brauche – wenn diese Autorität, die mir die winzigsten Dornen vom Wege entfernt, gleichzeitig meine Freiheit und mein Leben völlig beherrscht, wenn sie jede Regung und das Dasein derart ausschließlich bestimmt, dass alles in Untätigkeit verharren muss, wenn sie selbst untätig ist, dass alles schläft, wenn sie schläft, alles zugrunde geht, wenn sie stirbt?«
Alexis de Tocqueville, *Über die Demokratie in Amerika*

»Die Personen, deren Leben unbedeutend ist, suchen das Bedeutsame in der Vergangenheit oder Zukunft. Aus diesem Grund hat für viele Leute eine glorifizierte, religiös mythisierte Vergangenheit, auf die Rasse oder Nation bezogen, eine so große Bedeutung, und daher ist die Zukunft unserer Kinder, unserer Partei, unserer Nation oder sogar der ganzen Menschheit – durch Politiken oder Heilsreligionen angekündigt – für andere so wichtig.«

Thomas S. Szasz, *The untamed Tongue*

»So ist es Marat
das ist für sie die Revolution
Sie haben Zahnschmerzen
und sollten sich den Zahn ziehen lassen
Die Suppe ist angebrannt
aufgeregt fordern sie eine bessere Suppe
Der einen ist ihr Mann zu kurz
sie will einen längeren haben
Einen drücken die Schuh
beim Nachbarn sieht er bequemere
Einem Poeten fallen keine Verse ein
verzweifelt sucht er nach neuen Gedanken
Ein Fischer taucht seit Stunden die Angel ins Wasser
warum beißt kein Fisch an
So kommen sie zur Revolution
und glauben die Revolution gebe ihnen alles
Einen Fisch
einen Schuh
ein Gedicht
einen neuen Mann
eine neue Frau

und sie stürmen alle Befestigungen
und dann stehen sie da
und alles ist wie's früher war
die Suppe angebrannt
die Verse verpfuscht
der Partner im Bett
stinkend und verbraucht
und unser ganzes Heldentum
das uns hinab in die Kloaken trieb
können wir uns an den Hut stecken
wenn wir noch einen haben.«

Peter Weiss, *Die Verfolgung und Ermordung
Jean Paul Marats dargestellt durch die Schauspielgruppe
des Hospizes zu Charenton unter Anleitung des Herrn de Sade*

»Eine freie Regierung ist eine Regierung, die den Bürgern nichts Böses tut, sondern ihnen vielmehr Ruhe und Sicherheit gibt. Aber von da ist es noch weit bis zum Glück; das Glück muss der Mensch sich selbst schaffen, denn das müsste eine recht grobe Seele sein, die sich für vollkommen glücklich hielte, weil sie Ruhe und Sicherheit genießt.«

Stendhal, *Über die Liebe*

»Ein Mann, der seinen Garten pflegt, wie Voltaire es gerne tat.
Wer dankbar dafür ist, dass es auf der Erde Musik gibt.
Wer mit Vergnügen eine Etymologie entdeckt.
Zwei Angestellte, die in einem Café des Südens
schweigend Schach spielen.
Der Drucker, der diese Seite schön gestaltet,
die ihm vielleicht missfällt.

Eine Frau und ein Mann, die die letzten Strophen
eines Liedes lesen.
Wer ein schläfriges Tier streichelt.
Wer das Böse, das man ihm angetan, rechtfertigt
oder rechtfertigen will.
Wer dankbar dafür ist, dass es Stevenson gibt.
Wem es lieber ist, dass die anderen Recht haben.
Alle diese Personen, die sich nicht kennen, retten die Welt.«

Jorge Luis Borges, Die Gerechten

Epilog

So ein Skandal! Wir sind bereits auf den letzten Seiten und ich habe noch kein Wort über die Utopie gesagt! Und du hast womöglich erwartet, ich erinnere dich von der ersten Seite an daran, dass die Jugendlichen Utopisten sein sollen und dieses ganze Blabla. Nichts davon. Leider muss ich dir sagen, dass ich auch nicht daran denke, dir mit Lobliedern auf die Jugend zu schmeicheln – dass sie großmütig ist, dass sie idealistisch ist, dass sie die Uniformen und die Gewalt verabscheut. Ich laber dir aber auch nicht mit diesem Unsinn die Ohren voll, dass die Jugend von heute nicht mehr so ist wie zu meiner Zeit, dass sie den Drang, die Welt zu ändern, verloren hat und dass sie nur daran denkt, einen guten Job zu bekommen und Geld zu verdienen. Unter den Jugendlichen gibt es alle Sorten: Die Nazis, die die Konzentrationslager von Auschwitz und Buchenwald bewachten, waren meist erst 18 oder 19 Jahre alt. In dem gleichen Alter waren aber auch die, die sich den Panzern der chinesischen Regierung auf dem Tiananmen-Platz entgegenstellten und Freiheit forderten oder die heutzutage freiwillig als Entwicklungshelfer in die ärmsten Länder gehen. Die »Großmut« der Jugend ist oft die Großmut von jemandem, der noch keine Verantwortung hat und noch daran gewöhnt ist, dass andere über ihn wachen. Die berühmte »Widerspenstigkeit« der Jugend ist das Strampeln der Verwöhnten, die wollen, dass die Älteren so schnell wie möglich ihren Platz räumen. Natürlich gibt es auch Jugendliche, die mit Kraft und Mut die ganze Familie unterstützen oder die sich gegen die alten Ungerechtigkeiten eines Systems empören, das sie knechtet oder ausgrenzt. Auf jeden Fall misstraue denen, die dauernd die »Jugend« im Munde führen, entweder um sie zu loben oder um zu jammern, dass sie ihre heilige Bestimmung verraten hat. Entweder kennen sie die Jugendlichen nicht, dann sind sie Dummköpfe, oder sie lügen, um etwas aus ihnen herauszuholen, und dann sind sie Verbrecher.

Meiner Meinung nach haben die Jugendlichen die gleiche Pflicht wie die Erwachsenen und sogar die Alten: die Pflicht, zu lernen. Wer nichts weiß, kann plötzliche Einfälle haben, aber keine Erfolge, und er wird die Sprüche der Hinterhältigen mit der Absicht verwechseln, etwas Neues zu fordern. – Also, was ist mit der Utopie? Sie ist die erste Reaktion von Leuten, die nicht wissen, was sie sagen sollen, aber einen guten Eindruck hinterlassen wollen. Als Leszek Kolakowski, ein zeitgenössischer polnischer Philosoph, einmal gefragt wurde, wo er gerne leben würde, gab er eine sehr witzige Antwort: »Im tiefsten Urwald des Hochgebirges am Rande eines Sees, der an der Kreuzung der Madison Avenue von Manhattan mit den Champs-Elysées von Paris liegt – in einer kleinen und ruhigen Stadt der Provinz.« Siehst du? Das ist eine Utopie: ein Ort, der nicht existiert. Aber nicht weil wir nicht genügend großmütig oder kühn waren, um ihn zu erfinden, sondern weil er ein Puzzle aus nicht zusammenpassenden Stücken ist. Im politischen Bereich haben alle wünschenswerten Ideen und Entwicklungen auch ihren Preis in Form von weniger erwünschten Folgen – die Freiheit erschwert die Gleichheit, die Gerechtigkeit steigert die Kontrolle und den Zwang, das Wachstum der Industrie schädigt die Umwelt, die rechtlichen Garantien ermöglichen Verbrechern, ihrer Strafe zu entgehen, die allgemeine Schulpflicht kann die Propaganda des Staates erleichtern usw. In der Realität der Politik ist kein Vorteil absolut vorteilhaft. Jeder hat seine Nachteile, das muss uns klar sein – der Cocktail aus den verschiedenen Dingen, die wir wollen, muss gut gemixt sein, denn wenn man zu viel von einer der Zutaten hineintut, so köstlich sie für sich auch scheinen mag, kann das Ergebnis unverdaulich sein. Also, mit »Utopie« bezeichnet man gewöhnlich eine politische Ordnung, in der eines unserer Ideale – Gerechtigkeit, Gleichheit, Freiheit, Harmonie mit der Natur – die Vorherrschaft hätte, aber ohne irgendeinen schädlichen Nachteil. Als Projekt ist die Utopie eine Dummheit. Ich nehme an, dass diejenigen, die sie den Jugendlichen als typische Sehnsucht ihres Alters empfehlen, dies tun, weil sie sie für Dummköpfe halten. Wenn sie aufgezwungen wird, ist es noch schlimmer. Das haben im 20. Jahrhundert die totalitären Systeme gezeigt, die immer einen utopistischen Anspruch hatten – die Utopie ist der Traum einiger weniger, der sich in einen Alptraum für die anderen verwandelt.

Ich will also nicht, dass du dich für die Utopien interessierst, genauso wie ich nicht will, dass du dich zu sehr für die endlosen Fernsehserien begeisterst. Es wäre mir dagegen viel lieber, wenn du politische *Ideale* hättest, weil die Utopien den Kopf vernageln, die Ideale ihn aber öffnen. Die Utopien führen dazu, dass man gar nichts mehr macht, oder zur Gewalt, weil man verzweifelt ist (weil nichts so gut ist, wie es sein sollte). Die Ideale stacheln den Wunsch zum Eingreifen an und halten uns dauernd aktiv. Ich rede von *politischen* Idealen, nicht von moralischen, ästhetischen, religiösen oder sonst welchen – jede Sache besitzt ihren eigenen Charakter. – Wie man sie erkennen kann? Zunächst einmal sind die politischen Ideale nie ausschließlich, weil sie miteinander auskommen müssen und jedes seine Nebenwirkungen hat (siehe den vorigen Abschnitt). Es ist eine Eigenschaft der Politik, das Gute begrenzen zu können – manchmal führt die Überdosis einer Medizin, die mal eine Krankheit geheilt hat, bei einem anderen Patienten zu einer noch schlimmeren Krankheit. Die politischen Ideale versuchen nie, die menschliche Natur zu verbessern, sondern die menschliche Gesellschaft – das heißt nicht die Menschen, sondern die Institutionen der Gemeinschaft, in der sie leben. Wenn wir Menschen uns verbessern, um in einer besseren Gesellschaft zu leben, dann ist das o.k. Aber auch wenn wir weiterhin Raubritter und Geizhälse sind, ist es nie falsch, dass die Gesetze und Regierungsformen helfen, unsere Fehler zu beseitigen – und uns andere, weniger zerstörerische Handlungen vorschlagen. Die Utopie nimmt sich wie verrückt vor, einen »neuen Menschen« zu schaffen. Die politischen Ideale helfen eher, den alten erträglicher, verantwortlicher und weniger brutal zu machen. Das riecht dir zu sehr nach Anpassung, nach *Konformismus?* Dann denk daran, dass Konformist ist, wer sich immer mit dem *Wahrscheinlichen* abfindet und nicht darüber hinaussieht. Der politische

Idealist dagegen bemüht sich, das *Mögliche* zu erreichen, auch wenn er weiß, dass es nicht leicht sein wird und wir nie zufrieden sein dürfen. Alle politischen Ideale sind progressiv: Ein einmal erreichtes Niveau, das man früher vielleicht für gut gehalten hätte, wird nicht dadurch besser, dass alle zufrieden sind, sondern nur durch noch mehr idealistische Forderungen. Und es ist gut, dass es so ist. Dem Politiker, der angesichts der Forderungen der Bürger sagt: »Früher ging es uns schlechter«, muss man laut antworten: »Genau deshalb können wir jetzt mehr verlangen.« Und natürlich sind die politischen Ideale ganz entschieden vernünftig und berücksichtigen die historische Erfahrung, den wissenschaftlichen Fortschritt, die früheren Revolutionen gegen das, was gestern noch für »heilig und unabänderlich« gehalten wurde – von den antiaufklärerischen Visionären, die umso klarer sehen, je dunkler alles ist, befreie uns, Voltaire!

In einem großen Teil dieses Buches habe ich dir Dinge aus der Vergangenheit erzählt (manchmal aus einer so entfernten Vergangenheit, dass ich sie ein bisschen erfinden musste, um über sie reden zu können). Über die Zukunft, die uns erwartet, habe ich nichts gesagt. Warum wohl? Weil ich sie nicht kenne. Außerdem bist du logischerweise viel mehr ein Bürger der Zukunft als ich: Der Rausch der Technologie, der die Zukunft gestalten muss, das Ende der Bipolarität der Welt, das die Zukunft kennzeichnet, die zahllosen kleinen Therapien, die die großen Weltanschauungen von gestern ersetzen – all das gehört mehr zu dir als zu mir. Ich wollte dich nie lehren, wohin wir gehen, sondern dich erinnern, woher wir gekommen sind und warum wir es bis hierher geschafft haben. Das Übrige muss noch erfunden werden, wie in jeder Epoche: Auch wenn viel prophezeit ist, ist nichts aufgeschrieben. Ich bin sicher: Das, was noch passiert, wird wie immer verwirrend sein. Aber die meisten »Klugen« der Zukunft werden schüchtern vorgeben, sie hätten es bereits kommen sehen. Du wirst mir sagen: »Aber wir müssen an die Zukunft denken, weil das, was geschehen wird, von dem abhängt, was wir jetzt tun!« Also höre meinen Rat: Säe heute nicht, was du morgen nicht ernten willst. Übe jetzt keine Unterdrückung aus, um später mehr Freiheit zu erlangen. Predige nicht die Gewalt, damit wir uns eines Tages von ihr befreien, und fordere nicht die Lüge als Instrument, um in der Zukunft zur Wahrheit zu gelangen – das alles klappt nie. Ich möchte dich noch mal an den Satz von Albert Camus erinnern: »Der Zweck heiligt nicht alle Mittel.« Im Übrigen glaube ich, dass es besser ist, die Vergangenheit zu kennen, sich viel um die Gegenwart zu kümmern und nur ein bisschen um die Zukunft. Das Gegenteil wäre nur vorgetäuschte Hellseherei.

Worüber du dich nicht beschweren kannst, ist meine fehlende Offenheit: Ich habe mich auf diesen Seiten engagiert, soviel ich konnte. Ich habe auf keinen Fall versucht, zurückhaltend, gelassen, objektiv zu sein. Natürlich hättest du mich, wenn ich es versucht hätte, zu Recht ausgelacht. Was die Leidenschaftslosigkeit angeht, bin ich eine Niete. Eine letzte Sorge: Habe ich bei dir den Eindruck hinterlassen, mit dem zu gut auszukommen, was mich umgibt, mit dem Bestehenden schändlicherweise zufrieden zu sein? Also, wenn das der Fall ist, dann weil ich vor dir nicht den Interessanten zu spielen brauche. Aber ich bekenne dir (jetzt, da uns die

Dummköpfe nicht hören), dass ich mit dem Leben an sich gut auskomme, aber nicht mit dem Leben, wie es ist. Ich bin in einer halb faschistischen, langweiligen, brutalen und einfältigen Diktatur geboren und habe einen großen Teil meiner Jugend in ihr verbracht. Jetzt lebe ich in einer Monarchie, ohne dass ich aufgehört habe zu denken, dass das Mindeste, was im 20. Jahrhundert ein Land verdient hat, eine republikanische Regierung ist. Ich hasse den Nationalismus (als Baske habe ich zwei Motive dafür) – und sehe ihn überall sich ausbreiten, sich bestätigen, Beifall erhalten. Ich vertraue auf die Vernunft als Instrument, um die Werte der Zivilisation weltweit zu verbreiten – und muss gedemütigt feststellen, dass sie es nicht schafft, mit dem schlimmsten Elend oder den größten Verbrechen Schluss zu machen. Ich glaube an die Freiheit, in der jeder für seine Geschmäcker und Risiken Verantwortung übernehmen muss – aber in meiner Umgebung höre ich nur Forderungen nach mehr staatlicher Kontrolle und neuen Verboten im Namen der Gesundheit, der Anständigkeit, der Ruhe und was sonst noch. Ich bin Individualist, aber kein »Idiot« (im griechischen Sinn des Wortes) – ich sehe jedoch, dass man heute die Idioten, die vor der Welt fliehen oder sie verfluchen, »Individualisten« nennt. Und was nun? Soll ich versauern? Nein, was ich tun musste, war, dir dieses Buch zu schreiben. Nur um dir zu sagen - *my boy, my golden boy* –, dass auch für dich schließlich die Stunde gekommen ist, wo du am Zug bist …

Abschied

»Die Ziele und Ideale, die uns bewegen, entstehen aus der Imagination. Aber sie bestehen nicht aus imaginären Substanzen. Sie bilden sich aus der harten Substanz der Welt der physischen und sozialen Erfahrung.«

John Dewey, *A common faith*

Wenn du noch mehr lesen willst

Zitate sind normalerweise einem größeren Werk entnommen und wecken vielleicht das Interesse, dieses ganz oder in Teilen kennen zu lernen. Damit dir dies möglich ist, habe ich die Quellen zusammengestellt, in der Reihenfolge der Zitate im Buch. In den Fällen, in denen keine deutsche Ausgabe existiert, habe ich der Vollständigkeit halber den Originaltitel angegeben. Die auf Deutsch erschienenen Werke sind entweder in Stadtbüchereien oder im Buchhandel erhältlich.

Der Übersetzer

S. 5: William Shakespeare, *Hamlet,* 1. Akt, 5. Szene, Reclam, Stuttgart 1993 (UB 31), S. 30

S. 12: Albert Camus, *Der mystifizierte Sozialismus.* In: *Unter dem Zeichen der Freiheit.* Ein Lesebuch. Bertelsmann Club GmbH, Gütersloh o. J., S. 216

S. 15: Vergil, *Hirtengedichte (Eklogen),* Ekloge 4, Reclam, Stuttgart 1982 (UB 637), S. 18

S. 25: Jorge Luis Borges, *Milonga von Manuel Flores.* In: *Die zyklische Nacht. Gedichte 1934-1965.* Werke in 20 Bänden, Band 10, Fischer Taschenbuch Verlag, Frankfurt 1993, S. 241

S. 27: Aristoteles, *Politik*. In: *Hauptwerke*, Alfred Kröner Verlag Stuttgart, 8. Aufl. 1977, S. 288

S. 28: Hannah Arendt, *Vita Activa oder Vom tätigen Leben*, Piper Verlag, München 1981 (Serie Piper 217), S. 159

S. 28: Ernst Cassirer, *Versuch über den Menschen*, S. Fischer Verlag, Frankfurt 1990, S. 104

S. 28: Alexis de Tocqueville, *Über die Demokratie in Amerika*, Erster Teil, Manesse Verlag, Zürich o. J., S. 24

S. 30: Immanuel Kant, *Idee zu einer allgemeinen Geschichte in weltbürgerlicher Absicht*. In: *Politische Schriften*, Westdeutscher Verlag, Köln und Opladen 1965 (Klassiker der Politik, Band 1), S. 13

S. 40: Etienne de la Boëtie, *Von der freiwilligen Knechtschaft*, Europäische Verlagsanstalt, Frankfurt 1980, S. 33f.

S. 40: Thomas Hobbes, *Leviathan*, Suhrkamp Taschenbuch Verlag, Frankfurt 1984 (stw 462), S. 95f.

S. 41: Pierre Joseph Proudhon, *Idée générale de la révolution au XIXe siècle* (1851)

S. 41: Benedictus (Baruch) de Spinoza, *Theologisch-politischer Traktat*, Felix Meiner Verlag, Hamburg 1984, S. 301

S. 41: Albert Camus, *Der Mensch in der Revolte*, Rowohlt Verlag, Reinbek bei Hamburg 1977 (rororo 1216), S. 21

S. 55: Rudyard Kipling, *Das Dschungelbuch*, Haffmans Verlag AG, Zürich 1987, S. 24

S. 55: Marvin Harris, *Kannibalen und Könige. Aufstieg und Niedergang der Menschheitskulturen,* Umschau Verlag, Frankfurt 1978, S. 121

S. 55: Jacques Attali, *Millennium: Gewinner und Verlierer in der kommenden Weltordnung,* Econ Verlag, Düsseldorf 1992, S. 35

S. 56: Elias Canetti, *Die Provinz des Menschen. Aufzeichnungen 1942-1972,* Fischer Taschenbuch Verlag, Frankfurt 1976, S. 304

S. 72: Homer, *Ilias,* Insel Verlag, Frankfurt 1975, S. 28

S. 73: Sophokles, *Antigone,* Reclam, Stuttgart 1993 (UB 659), S. 18f.

S. 74: Hannah Arendt, *Vita Activa oder Vom tätigen Leben,* S. 34

S. 74: Moses I. Finley, *Antike und moderne Demokratie,* Reclam, Stuttgart 1987 (UB 9966), S. 58

S. 98: George Santayana, *Dominations and Powers,* Charles Scribner's Sons, New York 1951

S. 99: Gabriel Jackson, in einem Artikel der spanischen Tageszeitung *El País*

S. 100: Ernest Gellner, *Nationalismus und Moderne,* Rotbuch Verlag, Berlin 1991, S. 10, 16, 87

S. 101: J. Keane, *Democracy and Civil Society,* 1989

S. 101: Dieter Oberndörfer, Interview mit der Frankfurter Rundschau: *Ein bisschen Nation ist wie ein bisschen Schwangerschaft. Über die Wiedergeburt des deutschen völkischen Nationalismus.* FR vom 20. November 1993 (Zitat vom Übersetzer ergänzt; von D. Oberndörfer ist u.a. das sehr empfehlenswerte Buch erschienen *Der Wahn des Nationalen. Die Alternati-*

ve der offenen Republik, Herder Verlag 1993 (Herder Spektrum, Band 4279)

S. 101: John Burnheim, *Über Demokratie – Alternativen zum Parlamentarismus,* Verlag Klaus Wagenbach, Berlin 1987, S. 127 (Zitat vom Übersetzer ergänzt)

S. 105: Jean-Jacques Rousseau, *Der Gesellschaftsvertrag,* Reclam Leipzig, 5. Aufl. 1984 (UB 699), S. 38

S. 110: Thomas Carlyle, zitiert von John Kenneth Galbraith in *Gesellschaft im Überfluss,* Droemersche Verlagsanstalt, München – Zürich 1959, S. 38

S. 117: Milton Friedman, *Kapitalismus und Freiheit,* Ullstein Verlag, Wien 1984, S. 245

S. 123: Carl von Clausewitz, *Vom Kriege,* Ferd. Dümmlers Verlag, Bonn 1966, S. 108

S. 123: Jean-Jacques Rousseau, *Abhandlung über den Ursprung und die Grundlagen der Ungleichheit.* In: *Schriften,* Band 1, Carl Hanser Verlag, München 1978, S. 230

S. 124: Marvin Harris, *Menschen: Wie wir wurden, was wir sind,* Klett-Cotta, Stuttgart, 2. Aufl. 1991, S. 332

S. 124: Jacques Attali, *Millennium: Gewinner und Verlierer in der kommenden Weltordnung,* S. 36

S. 124: Adam Smith, *Der Wohlstand der Nationen,* Deutscher Taschenbuch Verlag, München 1978, S. 17

S. 125: Karl Marx/Friedrich Engels, *Manifest der Kommunistischen Partei.* In: *Studienausgabe in 4 Bänden,* Band III, Geschichte und Politik 1, Fischer Taschenbuch Verlag, Frankfurt 1990, S. 74f.

S. 126: Paul Alphandéry/P. Britoun/Y. Dupont, *L'équivoque écologique,* La Découverte, Paris 1992

S. 140: Leo N. Tolstoi, *Krieg und Frieden,* Zweiter Band, Deutscher Bücherbund, Stuttgart/Hamburg/München o. J., S. 1064

S. 140: Napoleon Bonaparte, zitiert in: Albert Camus, *Tagebuch Mai 1935-Februar 1942,* Rowohlt Verlag, Reinbek bei Hamburg 1963, S. 149

S. 140: Carl Schmitt, *Der Begriff des Politischen,* Duncker & Humblot, Berlin 1987, S. 54f.

S. 141: Bertrand Russell, *Dictionary of Mind, Matter and Morals,* Allen & Unwin, London

S. 141: George Santayana, *Dominations and Powers*

S. 144: Das Buch von Erich Fromm *Die Furcht vor der Freiheit* ist im Deutschen Taschenbuch Verlag (Nr. 35024) erschienen.

S. 155: Luc Ferry, *Le nouvel ordre écologique,* Paris 1992

S. 159: Alexis de Tocqueville, *Über die Demokratie in Amerika,* S. 134

S. 159: Thomas S. Szasz, *The Untamed Tongue,* 1990

S. 160: Peter Weiss, *Die Verfolgung und Ermordung Jean Paul Marats dargestellt durch die Schauspielgruppe des Hospizes zu Charenton unter Anleitung des Herrn de Sade,* Suhrkamp Verlag, Frankfurt 1964, S. 83f.

S. 161: Stendhal, *Über die Liebe.* In: *Werkausgabe,* Band 2, Diogenes Verlag, Zürich 1981, S. 220

S. 168: Albert Camus, *Der mystifizierte Sozialismus,* S. 216

S. 169: John Dewey, *A Common Faith,* New Haven 1934

Fernando Savater
Tu, was du willst
Ethik für die Erwachsenen von morgen
Aus dem Spanischen von Wilfried Hof
Beltz & Gelberg Taschenbuch (75507), 156 Seiten *ab 12*

Ethik sei etwas für Philosophen und andere Spezialisten, mag
mancher denken. Falsch, sagt Fernando Savater. Bei der Ethik geht
es um die Kunst, das Leben zu meistern. Es geht um die Freiheit,
die sich hinter der Vielzahl von Entscheidungsmöglichkeiten
verbirgt. Und auch wenn wir uns ansehen, was es mit Begriffen
wie Verantwortung, Gerechtigkeit, Egoismus oder Gut und Böse
auf sich hat, geht es letztlich nur um die eine große Frage:
Was können wir aus unserem Leben machen?
Einer der renommiertesten Philosophen der Gegenwart führt in
die Grundfragen der Ethik ein.

www.beltz.de
Beltz & Gelberg, Postfach 10 01 54, 69441 Weinheim

Jacques LeGoff
Die Geschichte Europas
erzählt von Jacques LeGoff
Aus dem Französischen von Thomas Scheffel
Illustriert von Charly Case
Beltz & Gelberg Taschenbuch (75501), 104 Seiten *ab 12*

Le Goff erzählt von 3000 Jahren Geschichte mit der Fachkenntnis des Historikers und dem Engagement des überzeugten Europäers. Sein Buch zeigt, wie in einem langen Prozess die Vielfalt europäischer Kulturen zu *einem* Europa zusammenwächst. Dieser Prozess war schwierig und geprägt von langen Perioden feindlicher Nachbarschaft. Doch gerade diesen Teil der europäischen Geschichte muss kennen, wer sich im einen Europa orientieren will.
»Um zu verstehen, warum die Europäer so verschieden sind, trotz allem aber eine Gemeinschaft bilden, kann man an eine Familie denken. Es gibt eine allgemeine Ähnlichkeit unter den Angehörigen einer Familie, aber jeder sieht anders aus, besitzt eine eigene Persönlichkeit, vor allem aber einen unterschiedlichen Charakter.«
Jacques LeGoff

www.beltz.de
Beltz & Gelberg, Postfach 10 01 54, 69441 Weinheim

Nikolaus Piper
Geschichte der Wirtschaft
Mit farbigen Bildern von Aljoscha Blau
Gebunden (75310), 176 Seiten *ab 12*
Deutscher Jugendliteraturpreis

Geld, Banken, Börse und weltweiter Handel sind gar nicht so modern, wie man meinen könnte. Wer sie verstehen will, sollte ihre Geschichte kennen. Nikolaus Piper nimmt den Leser mit auf eine Zeitreise, vom ersten Tauschhandel in der Jungsteinzeit bis zur umstrittenen Globalisierung unserer Tage. In 31 kurzen, leicht verständlichen Kapiteln erzählt der Autor Weltgeschichte als Wirtschaftsgeschichte; er bietet Fakten und Zahlen und stellt Wirtschaftslenker und -denken wie die Fugger, die Rothschilds, Adam Smith und Karl Marx vor.
Das Buch des Wirtschaftsexperten und Erzählers Nikolaus Piper zeigt, wie spannend die Geschichte der Wirtschaft sein kann.

www.beltz.de
Beltz & Gelberg, Postfach 10 01 54, 69441 Weinheim

Deutsche Geschichte
erzählt von Manfred Mai
Mit Bildern von Julian Jusim
Gebunden, 192 Seiten *ab 12*

Die deutsche Geschichte auf gerade einmal zweihundert Seiten
zu erzählen ist ein mutiges, aber notwendiges Unterfangen.
Jugendliche haben zwar Geschichtsunterricht,
aber was das wirkliche Verstehen von Geschichte erst
möglich macht, die Zusammenschau des Großen und Ganzen,
steht erst an dessen Ende.
Manfred Mai hat selbst Geschichte unterrichtet und
kennt dieses Dilemma. In seinem Buch versucht er deshalb
die großen Linien der deutschen Geschichte nachzuziehen und
vor allem: von ihren wichtigen Ereignissen und Personen
anschaulich und lebendig zu erzählen.
So ist ein Buch entstanden, das nicht nur behauptet, sondern zeigt,
wie spannend Geschichte sein kann.

www.beltz.de
Beltz & Gelberg, Postfach 10 01 54, 69441 Weinheim

Manfred Mai
Lesebuch zur deutschen Geschichte
Beltz & Gelberg Taschenbuch (75513), 288 Seiten *ab 12*

Es gibt viele Möglichkeiten, Geschichte anschaulich zu erzählen --
eine davon ist, sie in Geschichten zu erzählen. Autorinnen und
Autoren wie Ursula Wölfel, Willy Fährmann, Karla Schneider,
Dietlof Reiche, Klaus Kordon, Paul Maar oder Peter Härtling
haben in ihren Romanen von beinahe allen Epochen der deutschen
Geschichte erzählt. Manfred Mai hat Auszüge aus solchen
Romanen ausgewählt und in den jeweiligen Zeitzusammenhang
gestellt.
Geschichte und Geschichten zu verknüpfen – Manfred Mai ist es
gelungen. *Osnabrücker Zeitung*

www.beltz.de
Beltz & Gelberg, Postfach 10 01 54, 69441 Weinheim